Internet und Recht

Herausgegeben von
Prof. Dr. Georg Borges
Universität des Saarlandes

Band 17

Ramon Negócio

Vom Fremddruck zur Selbstbeschränkung

Das Problem der Verarbeitung juridischer Normativität durch Internet-Intermediäre

Nomos

Onlineversion
Nomos eLibrary

Die Deutsche Nationalbibliothek verzeichnet diese Publikation in der Deutschen Nationalbibliografie; detaillierte bibliografische Daten sind im Internet über http://dnb.d-nb.de abrufbar.

Zugl.: Frankfurt am Main, Goethe-Univ., Diss., 2019

ISBN 978-3-8487-6464-8 (Print)
ISBN 978-3-7489-0588-2 (ePDF)

1. Auflage 2020

Vorwort

Die vorliegende Arbeit wurde im Sommersemester 2019 dem Fachbereich Rechtswissenschaft der Goethe-Universität Frankfurt am Main als Dissertation vorgelegt. Ich möchte mich beim DAAD für die finanzielle Unterstützung bedanken.

Prof. Dr. Dr. h.c. Thomas Vesting hat meine akademische Entwicklung in Deutschland sorgfältig und großzügig unterstützt. Ihm verdanke ich jenseits der Betreuung dieser Arbeit jahrelange intellektuelle Anregungen. Von Prof. Dr. Alexander Peukert habe ich in den vergangenen Jahren bei verschiedenen Vorträgen viel gelernt. Dass er die Aufgabe übernommen hat, das zweite Gutachten zu verfassen, hat mich aus diesem Grund geehrt und sehr gefreut. Prof. Dr. Roland Broemel danke ich für die Kritik und die Kommentare zur Arbeit in der Disputation. Ich möchte mich auch bei Prof. Dr. Marcelo Neves, meinem ersten akademischen Lehrer, für seine wissenschaftliche Beratung während der Zeit meiner Promotion bedanken.

Mein besonderer Dank gilt André de Paula und Dennis Kremer für die Korrektur des Textes, die anregende Kritik und die vielen stilistischen Vorschläge. Ich danke auch meinen Freunden Pedro Ribeiro, Júlio Alberto Carvalho, Paulo Carvalho, Fabiane Bordignon und Dr. Bruno Buonicore für das Lesen und ihre Kritik an der Arbeit.

Viele Freunde haben mir meine Jahre in Deutschland zu einem unvergesslichen Erlebnis gemacht und mich auch in schwierigen Momenten unterstützt. Ich möchte wenigstens Taise Cadore, André Nogueira, Gilberto Guerra, Marina Daldegan, Eleonora Voli, Michael Petersik, Karolina Zawada, Dr. Matthias Kettemann, Dr. António Martins, Dr. Pamela Cacciavilani, Dr. Maurício Palma, Edvaldo Moita, Francisco Sales, Lincoln Simões, Rodrigo Cadore, Dr. Maria Vital und Douglas Elmauer an dieser Stelle nennen.

Zutiefst dankbar bin ich meiner Familie für ihre Unterstützung und ihre Liebe in all diesen Jahren.

Fortaleza, im Dezember 2019 *Ramon Negócio*

Inhaltsverzeichnis

Abkürzungsverzeichnis

AEPD	Agencia Española de Protección de Datos
CERN	Europäischen Organisation für Kernforschung
CIA	Central Intelligence Agency
CNIL	Commission Nationale de l'Informatique et des Libertés
CoE	Europarat
DARPA	Defense Advanced Research Projects Agency
DNS	Domain Name System
FISA	Foreign Intelligence and Surveillance Act
IAB	Internet Activities Board
ICANN	Internet Corporation for Assigned Names and Numbers
IETF	Internet Engineering Task Force
IG	Internet Group
ISOC	Internet Society
ISP	Internet Service Provider
ISP	Internetdienstleister
IST	Instituto de Tecnologia e Sociedade do Rio
ITU	International Telecommunication Union
KI	künstliche Intelligenz
LICRA	La Ligue Contre le Racisme et l'Antisémitisme
MPF	Ministério Público Federal
NetzDG	Netzwerkdurchsetzungsgesetz
NSA	National Security Agency
OECD	Organisation für wirtschaftliche Zusammenarbeit und Entwicklung/ Organisation for Economic Cooperation and Development
P2P	peer-to-peer

PATRIOT ACT	Uniting and Strengthening America by Providing Appropriate Tools Required to Intercept and Obstruct Terrorism Act of 2001
PF	Polícia Federal
TCP/IP	Transmission Control Protocol/Internet Protocol
TLD	Top Level Domain
TOR	The Onion Router
UDRP	Uniform Domain-Name Dispute-Resolution Policy
UEJF	l'Union des Étudiants Juifs Français
VoIP	Voice over Internet Protocol
W3C	World Wide Web Consortium
WIPO	World Intellectual Property Organization/ Weltorganisation für geistiges Eigentum
WTO	World Trade Organization

Einleitung

Fahl und scheinbar angespannt reagierte der Facebook-Chef und Gründer Mark Zuckerberg auf eine Reihe von Fragen des US-Senats. Die offizielle Anhörung im Senat vor, der Handels- und der Justizkommission war einberufen worden, weil vorzeitig die Daten von laut Facebook mindestens 87 Millionen Menschen durch eine Anwendung verletzt worden waren, die von der politischen Beratungsagentur Cambridge Analytica verwendet wurde, um Nutzerdaten zu sammeln und politische Kampagnen auszuführen. An einer Stelle behauptete Zuckerberg, dass sein Team mit den Gesetzgebern zusammenarbeiten würde, um eine „richtige Regulierung" für Technologieunternehmen durch die Regierung oder den Gesetzgeber zu schaffen. Einerseits zeigte Zuckerbergs Anhörung, dass der Staat auf Veränderungen in der internen Politik von Internetunternehmen (Intermediären) drängt. Andererseits zeigt das eine Öffnung des Intermediären, der sich durch die Einbeziehung staatlicher Regelungsansprüche selbst beschränkt. Dem liegt jedoch ein breiterer Prozess zugrunde: die Verschiebung des Staates ins Netzwerk. Vor diesem Hintergrund beansprucht die vorliegende Untersuchung die Beantwortung der folgenden zentralen Fragen: 1) Inwiefern bewirken private Akteure und die Architektur des Internets Einschränkungen der Hierarchie der staatlichen Ordnungen? 2) Wie ist die (staatliche) Rechtsnormativität in den technischen Praxen zu verstehen? 3) Warum verlangt die Architekturlogik des Internets eine Inkorporierung der Rechtsnormativität in die technischen Praxen? Zur Beantwortung dieser Fragen sollen die Intermediäre und ihre Programmierungen in den Mittelpunkt gestellt werden.

Im **ersten Kapitel** werden die Bedingungen der horizontalen Existenz und Wechselwirkung von Rechtsordnungen aufgezeigt. Vor dem Hintergrund der Globalisierung sollen die Beschränkungen, denen die staatlichen Rechtsordnungen in Bezug auf die Internet-Architektur unterliegen, beschrieben und erläutert werden. Der Ansatz geht von der Vorstellung aus, dass es verschiedene Schichten gibt, die die territoriale Dimension staatlicher Ordnungen bedingen. Hierzu wird ein Vier-Schichten-Schema herangezogen: Physical-, Logical-, Application- und Content-Ebene. Dieser durch die Architektur vorgegebene Charakter ist wichtig, um zu zeigen, dass der Ort der staatlichen Rechtsordnungen nicht nur in den institutionellen Beziehungen mit anderen privaten oder öffentlichen Akteuren zu suchen ist. Die Institutionen, die neben dem Staat in der digitalen Kommunikation tätig sind, sind zahlreich. Trotzdem sollen drei gesondert erwähnt werden, die die Staaten binden: Internet Engineering Task Force (IETF), World Wide Web Consortium (W3C) und Internet Corporation for Assigned Names and Numbers (ICANN). Heute versteht man unter Governance eine Verbindung zwischen privaten und öffentlichen Akteuren, in deren Organisation es keinen Vorrang einer internationalen Organisation als Vermittler gibt. Anstelle eines internationalen Akteurs spielt eine kollektive Aufgabenzuweisung durch die Architektur eine große Rolle, wobei allen Netzakteuren Verantwortung übertragen wird.

Das Konzept der Intermediäre beinhaltet, dass jeder Akteur durch die Ausführung entsprechender Programme im Internet Dienstleistungen anbieten kann, wie etwa Internet Service Provider, Suchmaschinen und soziale Medien. Obwohl lange die Vorstellung herrschte, dass es im Internet weniger leicht zur Ausbildung von Monopolen oder Oligopolen kommen könnte, ist festzustellen, dass die Suche nach Informationen sich auf ein paar Intermediäre konzentriert. Die Intermediäre fallen durch von Internet-Nutzern aggregierte Datenkonzentration auf: Das Wissen des Staates wird zunehmend abhängig von dem vernetzten Wissen der anderen Netzakteure. Dies untermauert das Konzept des Netzwerkstaats. Zwar existiert innerhalb der Netzarchitektur der Anspruch der Horizontalität, allerdings ist die vorhandene Asymmetrie im Netzwerk deutlich erkennbar. Ganz gleich, ob die Akteure privat oder öffentlich sind: Es gibt Akteure, die ihre normative Logik dem Netzwerk ohne Verständnis der Folgen aufzwingen, wie etwa die USA angesichts anderer Rechtsordnungen und der Intermediäre. Wegen der Abwesenheit einer konzentrischen Struktur, die die Probleme des Ungleichgewichts im Internet lösen könnte, muss man ins Visier nehmen, wie eine gegenseitige Inkorporierung der rechtsnormativen Inhalte durch die Intermediäre und der technischen Praxen durch die Rechtsordnungen aussehen kann, um keine destruktive Wirkung zu entfalten.

Im **zweiten Kapitel** möchte ich mich nicht so sehr auf die Anpassung des Rechts an die technische Logik konzentrieren, sondern darauf, wie das Normative des Rechts die technischen Praxen zur Inkorporierung der Rechtsnormativität drängt. Dafür stelle ich drei verschiedene Fälle von Prozessen gegen Intermediäre vor. Die Fälle zeigen, wie Intermediäre unter Androhung einer Geldstrafe oder der Sperre ihres Dienstes ihre Programmierung ändern können, um sich an Rechtsordnungen anzupassen. Trotzdem stellen nicht alle Rechtsentscheidungen eine angemessene Forderung nach Beschränkung der Intermediäre dar. Da das Rechtssystem nicht nur mit der traditionellen Form der Gesetzesanwendung oder mit der traditionellen Rechtsdogmatik operieren und auch nicht von einer stabilen Werteordnung ausgehen kann, muss das Recht das externe Modell als Prozess der sozialen Selbstorganisation stärken, um eine Anpassung an die instabile soziale Veränderung zu bewerkstelligen. Das Innovationspotenzial des Internets besteht in Techniken, die Unsicherheit erzeugen – d. h., schwer durch das Recht zu stabilisieren sind –, die im Rahmen der privaten Institutionen entwickelt werden und durch technische Praxen angewendet werden. Das bedeutet, dass das Bestehen und die Notwendigkeit von Interaktionen mit neuen Sozialordnungen anzunehmen sind, wobei bestimmte Entscheidungen die möglichen Folgen im Auge haben müssen, wie es etwa bei der Inkorporierung der Netzneutralität in die Rechtsordnungen geschehen ist. Selbst wenn es technisch inkorporierte Prinzipien (z. B. Ende-zu-Ende-Verschlüsselung) gibt, werden sie von den Gerichten nicht immer vollständig durchdrungen, wie das Beispiel der Sperrung von WhatsApp in Brasilien gezeigt hat.

Die staatlichen Rechtsordnungen sind wichtige Akteure, die imstande sind, Änderungen bei den Intermediären zu erzwingen und das technische Wissen zu inkorporieren. Dennoch gibt es eine andere Form, in der neue Eigenschaften auftreten und mittels ihrer Programmierung die interne Organisation der Intermediäre normieren, sowie die Selbstbeschränkung dieser Intermediäre auslösen. Die multizentrische Logik des technischen Wissens verdient Aufmerksamkeit in Bezug auf eine soziale Praxis, die implizite und explizite Normativität inkorporiert. Zuvor nur in staatlichen Rechtsordnungen anzutreffen, finden sich die traditionellen Rechte nicht nur in anderen Ordnungen in ausgedünnter Form, sondern auch in bestimmten technischen Praxen. Das Recht ist auch ein kulturelles Phänomen. Die Verbindungen zwischen technischem Wissen und rechtlicher Normativität folgen einer heterarchen Logik, die neue Verbindungen durch die Beziehung zwischen Architektur und privaten Akteuren ermöglicht. Vor diesem Hintergrund kann die Entstehung der kognitiven Akteure verzeichnet werden, die die spontanen Selbstkoordinationsformen ergänzen. Es lässt sich aber nicht ausschließen, dass das Recht – in seiner kulturellen Dimension – als Bedingung des kreativen Prozesses die Intermediäre in ihren Praktiken beeinflusst. So ist etwa die Berücksichtigung von „Kinderpornographie“, „Datenschutzverletzung“ und „Hassreden“ mehrmals in die Programmierung als eine generelle Befolgung der verschiedenen Rechtsordnungen integriert worden. Rechtsnormativität wird somit nicht geleugnet, sondern ist mit dem Programmcode verflochten, der die rechtsnormativen Inhalte integriert. Gleichzeitig ist es möglich, dass sich für die Internet-Nutzung interne Konventionen ausprägen, die die Intermediäre beim Update der Services unterstützen. Die Verflechtung stärkt die Notwendigkeit der kooperativen Beziehung zwischen Netzakteuren, die im Netz das Konzept des „Netzinteresses“ für neu auftauchende und heterarchiche Effekte relevant werden lässt.

Zum Schluss konzentriere ich mich im **letzten Kapitel** auf die Selbstverpflichtung der technischen Praxen bei Facebook, besonders durch die Inkorporierung der Rechtsnormativität. Dafür ist es wichtig, die Logik des Zusammenhangs zwischen Algorithmus und Programmierung zu verstehen. Es ist bemerkenswert, dass der Algorithmus allein Ergebnis einer technischen Ausarbeitung ist, die auf technischen Codes in einer binären Sequenz basiert, ohne dass es Handlungen sozialer Interaktion für Problemlösungen gibt. Das schließt keineswegs aus, dass der Ausgangspunkt noch sozial ist: In der Form, in der Werte und Ziele bei der Programmierung Entscheidungen und Folgen leiten, kann man eine Parallele zu Rechtsnormen sehen: der Algorithmus als Umsetzung eines Programmierbefehls, der Programmierbefehl als Normanwendung. Also verwendet der Internet-Nutzer einen Programmbefehl, der auf einer Vorsortierung der normativen Inhalte beruht, um Algorithmen umzusetzen. Man kann dann rechtsnormative Inhalte als etwas betrachten, was in den sozialen Praxen zu verorten ist. Das baut Vertrauen zum Netznutzer auf, während es seine Erwartungen lenkt.

Im Zusammenhang mit diesem Thema möchte ich untersuchen, wie die Selbstregulierung bei Facebook ihre Nutzer bindet, während das Normative des Rechts durch die Umsetzung der (automatischen) programmierten Algorithmen und in der Bewertung der Meldungen von Inhalten mittels „cyber courts“ ausgedünnt ist. Hier wird die Kontrolle der verbotenen Verhaltensweisen bei Facebook einer eingehenden Analyse unterzogen. Die strukturelle Selbstregulierungsform von Facebook organisiert sich in drei Schichten: In der oberen Schicht sind die „Facebook Principles“ angesiedelt; in der zentralen Schicht befinden sich die „Nutzungsbedingungen“; und in der unteren Schicht (underlying layers) gibt es weitere Bestimmungen (Community Payment Terms, Facebook Pages Terms und Promotions guidelines, Data Use Policy und Advertising Guidelines, Developer Payment Terms, Community Standards, Facebook Platform Policies und Brand Asset Guidelines und Notes on Child directed Sites and Services). Es sind aber die Community Standards als Beispiel für einen programmierten Filter, worauf ich mich fokussiere.

Die Anwesenheit der Rechtsnormativität in der Programmierung ist von großer Bedeutung für Rechtsordnungen. Ihre Abwesenheit bestätigt aber das bestehende destruktive Potenzial für die Rechtsordnungen. The Onion Router (TOR) ermöglicht Netzanonymität, die zwar die Meinungsfreiheit (insbesondere unter autoritären Regierungen) erleichtert, aber mit Straftaten verknüpft ist (etwa Kinderpornographie, Drogen- und Waffenhandel, Auftragsmord usw.). Die Herausforderung wäre, durch die Programmierung die Inkorporierung der Rechtsinhalte zu bewerkstelligen, so dass Straftaten ausgeschlossen würden, indem gefördert würde, dass die Nutzergemeinschaft sich selbst kontrollieren kann, wodurch die staatlichen Rechtsordnungen nur Partner dieser Kontrolle würden.

1. Kapitel: Internet und Bedingungen der Horizontalität für staatliche Rechtsordnungen: Architektur, regulatorische Akteure und Intermediäre

In diesem Kapitel soll der Wandel der Staatlichkeit als ein Phänomen charakterisiert werden, das bereits durch die Globalisierung bestimmt wird (1). Anschließend beschreibe ich die verschiedenen Schichten des Internetaufbaus als spezifischere Bedingung für die Hierarchie der staatlichen Rechtsordnungen (2). Wegen der Netzwerkarchitektur müssen die staatlichen und internationalen Rechtsordnungen mit anderen regulatorischen Akteuren (wie z. B. ICANN, W3C und IETF) zusammenarbeiten (3). Diese Akteure setzen andere Normen und technische Standards in Kraft. Die Netzarchitektur ermöglicht es den Intermediären, die wichtigen Services, für die sie verantwortlich sind, bereitzustellen. Mithilfe dieser Services können die Intermediäre viele Informationen über die Benutzer erhalten. Deswegen sind die staatlichen Informationen über die Bürger mit anderen Akteuren vernetzt. Die Netzarchitektur erhebt zwar den Anspruch auf Horizontalität zwischen Akteuren, aber in Wirklichkeit gibt es Asymmetrien zwischen stärkeren und schwächeren Knoten: Mächtige Staaten, Intermediäre und fremde Server sind ein Beispiel hierfür (4). Obgleich man eine strukturelle Lösung für diese Asymmetrie noch nicht abschließend in Betracht ziehen kann, lässt sich bereits eine gewisse gegenseitige Beachtung des Normativen des Rechts durch die Technik und der technischen Praxen im Internet durch das Recht beobachten. Das Hauptargument des Kapitels lautet, dass der Staat aufgrund der Internetarchitektur nicht nur mit anderen relevanten Akteuren des Netzwerks in einem Zusammenspiel arbeiten muss, sondern auch dass die rechtliche Normativität des Staates selbst eng mit der Logik der technischen Praktiken operieren muss.

1 Der Staatsort und die fragmentierte Staatlichkeit

Im Juni 2013 machte Edward Snowden – anders, als man meinen könnte, kein hochrangiger Beamter der CIA – öffentlich, wie die NSA Spionage betrieb, um sich strategische Informationen über andere Länder zu beschaffen. Einige Monate später brachte die damalige brasilianische Präsidentin Dilma Rousseff, die ebenso überwacht worden war, in einer Rede anlässlich der Eröffnung der 68. UN-Generalversammlung ihre Empörung über diese Praxis zum Ausdruck. Die Ex-Präsidentin erklärte, dass hierdurch erhebliche Menschenrechte missachtet worden sind und dass solche Praxen sich durch den Kampf gegen Terrorismus nicht begründen lassen; dass die neuen Technologien nicht als „Schlachtfeld zwischen Staaten" dienen sollen; dass die Vereinten Nationen eine Führungsrolle bei der Regulierung des Verhaltens der Staaten bezüglich dieser neuen Technologien spielen müssen; dass Brasilien ein multilaterales Gesetz für Internet-Regulierung und Benutzung des Internets zwecks des Datenschutzes vorschlagen würde; dass man sich an den Grundsatz der Netzneutralität halten muss, sodass auch angesichts von Einschränkungen die technischen und ethischen Kriterien berücksichtigt werden. Außerdem argumentierte die Ex-Präsidentin, dass sich nationale Souveränitäten nicht gegeneinander durchsetzen können, denn andernfalls werde die Beziehung zwischen Nationen unmöglich. Die Rede der Ex-Präsidentin zeugt von mehr als Protest: Sie deutet auf den Wandel der Staatlichkeit hin.

Die Thematik des Wandels der Staatlichkeit bezüglich auf der internationalen und supranationalen Beteiligung von privaten Akteuren in staatlichen Funktionen ist nicht neu. Die Verortung des Staates schien sich bereits in Anbetracht der Entstehung einer Weltgesellschaft zu verschieben. Schon die Verringerung bzw. Änderung der Funktion und Bedeutung von ‚Staaten' am Ende des letzten Jahrtausends sollte, so Luhmann, vom Begriff der Weltgesellschaft aus gedacht werden. Ihm zufolge ist das weltweite Kommunikationssystem eine unbestrittene Tatsache. Treffend hebt Luhmann die Auswirkungen der neu etablierten Kommunikation mit globaler Reichweite für die segmentär differenzierten Staaten hervor. Dabei spielen die Technologien der Kommunikation eine maßgebende Rolle, insbesondere wie sie (in seiner Zeit vor allem das Fernsehen) sich politisch auswirken. Hier wird die These einer „Veränderung" der Staatlichkeit auch eng mit einer (auch) medialen Verortung der Staatlichkeit verbunden: „Der Ort, an dem man sich befindet, verliert die Rolle als Bedingung der Möglichkeit des Sehens und Hörens. Er wird damit informationstechnologisch bagatellisiert. Damit werden alle raumbezogenen Zentralismen transzendierbar – was nicht ausschließt, daß sich daraufhin ein dagegen opponierendes Regionalbewußtsein festigt. Aber man kann im Prinzip und jeden Tag auch das sehen, was anderswo geschieht, und zwar nahezu gleichzeitig, jedenfalls unabhängig von der Zeit, die man benötigen würde, um an den Ort des Geschehens zu reisen."[1]

---

1 *N. Luhmann*, Die Politik der Gesellschaft, 2000, 220.

Im Kontext der Weltgesellschaft nimmt die Abhängigkeit zwischen Staaten zu, sodass „der Begriff der Souveränität seine Funktion des Schutzes gegen Übermacht [verliert] und in Richtung auf Verantwortung für regionale Ordnung [driftet]", was „eine heterarchische, konnexionistische, netzwerkartige Verknüpfung von Kommunikationen auf der Ebene von Organisationen und Professionen – ein Typus [bildet], der sich durch den Gebrauch von Computern in Zukunft noch verstärken wird".[2] Allerdings ist das nicht ausreichend, um die segmentäre Differenzierung des politischen Systems zu unterminieren, dessen Funktion es ist, die Bedingungen des Unterschieds zwischen Staaten vorzustellen, während die Ähnlichkeit der Segmente vorausgesetzt wird: „Das geschieht durch Reduktion der Gleichheit auf ‚Staatlichkeit' und der Staatlichkeit auf organisierte Kommunikationskompetenz".[3] Obwohl Luhmann ein einheitliches Verhältnis zwischen Globalisierung und kollektiven Entscheidungen von Staaten feststellt, entgeht ihm die Rolle von privaten Akteuren in diesem Kontext, da auch sie Regulations- und Entscheidungsmacht besitzen, an die Staaten gebunden sind.

Mit Blick auf den Wandel der Staatlichkeit kommt Teubner zu dem Schluss, dass nicht primär eine Krise der Nationalstaaten, sondern vielmehr eine Schwäche der nationalen verfassungsrechtlichen Institutionen festzustellen sei, wodurch sich Perspektiven auf die Erscheinung neuer Formen der konstitutionellen und demokratischen Institutionen eröffneten, wie etwa ein „anspruchsvoll konstitutionalisiertes Völkerrecht, eine deliberierende Weltöffentlichkeit, eine institutionalisierte Weltinnenpolitik, ein transnationales Verhandlungssystem zwischen globalen Kollektivakteuren, eine konstitutionelle Restriktion gesellschaftlicher Macht in globalen Politikprozessen".[4] Obgleich sich Luhmann für den Begriff der Staatlichkeit in einer Weltgesellschaft offen zeigt, ist es plausibler, einen radikaleren zugrundezulegen, da er nicht nur den Staat im Hinblick auf die Globalisierung dezentriert, sondern auch auf die Erscheinung globaler Akteure der Zivilgesellschaft, die ihre Rechtsordnung selbst um Themen wie Weltwirtschaft, Umweltrecht, Technik etc. herstellen und auf heterarche Weise mit Staaten interagieren ,[5] eingestellt ist.

2 *N. Luhmann*, Die Politik der Gesellschaft, 2000, 221.
3 *N. Luhmann*, Die Politik der Gesellschaft, 2000, 227.
4 *G.Teubner*, Verfassungsfragmente, 2012, 13.
5 *A. Fischer-Lescano*; *G. Teubner*. Regime-Kollisionenen: Zur Fragmentierung des globalen Rechts, 2006, 17-19.

Die interne normative Logik der privaten transnationalen Akteure ist, so Teubner, von der staatlichen normativen Geltung getrennt, d. h. die unternehmensinternen Organisationsregeln heben sich von dem staatlichen Regelwerk ab. Dies geschieht im direkten Gegensatz zu der üblichen normhierarchischen Beziehung zwischen staatlichen und privaten Normen. Dementsprechend „fungieren die staatlichen Codes nicht als Ermächtigungsgrundlage für die Geltung der privaten Codes der transnationalen Unternehmen. Sie beziehen ihre Geltung aus einer eigenständigen Verbindung primärer und sekundärer Normen in der Welt des Private Ordering. Sie bilden ein nicht-staatliches geschlossenes System normativer Geltung, das in sich selbst aufgebaut ist. Die obere Ebene enthält die Prinzipien der Unternehmensverfassung, die mittlere Ebene normiert Durchsetzung und Überwachung, die untere Ebene enthält die konkreten Verhaltensanweisungen. Ihre Geltungsgrundlage erzeugen sie also selbst in eigenen konstitutionellen Normierungen, welche die unternehmensinternen Normen, die Verhalten nach dem Rechtscode beurteilen, selbst einem Verfahren unterwerfen, in dem sie nach dem Verfassungscode beurteilt werden“.[6]

Der hier vertretene Staatsbegriff schließt das Völkerrecht nicht aus, sondern bezieht andere nicht traditionelle Akteure als relevante in den Rechtsdiskurs ein, was drei neue Herausforderungen für die staatliche Souveränität mit sich bringt: „First, supra-national norms and structures (international human rights law, the WTO) impinge upon sovereignty in unprecedented ways. The claim here is not that states have been hermetically sealed up to this point; it is rather that interference in state sovereignty is now being justified in legal terms that carry increasing weight around the world. Second, subnational groups are demanding (and receiving) increasing degrees of autonomy [...]. The third dimension along which sovereignty is under challenge as „transnationalism" – the presence within state borders of communities of non-nationals with significant ties across borders”.[7] Es handelt sich nicht um „ein Absterben der Staatlichkeit, aber doch um einen fundamentalen Funktionswandel in den Prozessen der Disaggregation gesellschaftlicher Teilsysteme”.[8] Im Gegensatz zu dem Staatsbegriff Teubners und Lescanos fokussiert die vorliegende Arbeit nicht darauf, wie die Rechtsordnungen, selbst wenn sie privat sind, in Regime-Kollisionen involviert sind, sondern wie die technischen Praxen und die Rechtsnorma-

6 *G.Teubner*, Verfassungsfragmente, 2012, 81-82.

7 *T. A. Aleinikoff*, Sovereignty Studies in Constitutional Law, 2000, 202.

8 *A. Fischer-Lescano*; *G. Teubner*. Regime-Kollisionenen: Zur Fragmentierung des globalen Rechts, 2006, 159.

tivität sich jenseits des Rechtsordnungsbegriffes aufeinander beziehen. Entsprechend würde man das Internet nicht als Rechtsordnung definieren, sondern als Medium, dessen Architektur es erlaubt, dass ihre Akteure durch jeweilige Codes gleichzeitig mit technischen Praxen und Rechtsnormen arbeiten.

Im Zusammenhang mit dem Wachstum der staatlichen Interdependenz auf globaler Ebene wächst die halbstaatliche Aktivität, was eine neue Koordinierung mit anderen nicht mehr traditionellen Rechtsquellen bedingt.[9] Vesting zufolge setzt dies die Rechtsquellenlehre unter Druck, was darauf zurückgeführt wird, „dass die herkömmliche Rechtsquellenhierarchie im ‚offenen Staat' sowohl um neue außerstaatliche als auch innerstaatliche Regelbestände erweitert worden sei, deren Einpassung in das bisherige System Schwierigkeiten bereite. Im außerstaatlichen Feld wird etwa auf die transnationale (technische) Standardsetzung und hier z. B. die Selbstverwaltung der Namen und Adressen des Internets durch Internet Corporation for Assigned Names and Numbers (ICANN) hingewiesen [...]".[10] Die Offenheit des staatlichen Rechts im Sinne einer Kooperation nimmt dem Staat den einzigartigen Charakter der zentralen Autorität, denn diese Offenheit erlaubt die Entstehung neuer Verbindungen mit verschiedenen Staaten, öffentlichen Behörden, Verbänden, Wirtschaft und Wissenschaft.[11] Die strukturelle Staatseinheit von Recht und Politik scheint sich aufzulösen: „Je mehr die Politik das Gesetz als Instrument einsetzt, desto weniger scheint das Recht determiniert zu werden und desto dringender ist das Recht darauf angewiesen, die Konsistenz des Entscheidens durch eigene dogmatische Leistungen zu gewährleisten".[12]

Damit wäre eine Herausforderung der Rechtsquellenlehre gekennzeichnet, „[sich] auf die neuartige Operationsweise eines dynamisch und nachbarschaftlich operierenden Rechtsystems einzustellen".[13] Eine solche Koordination verlangt ein mehrfaches und horizontales Verhältnis ohne *ultima ratio*, also Staaten und private Akteure im gleichen Netzwerk. Daraus folgt, dass man, statt über den Wandel der Souveränität nachzudenken, mehr auf die Verhältnisse zwischen öffentlichem Recht und Staat fokussieren

---

9 *F. C. Mayer*, Der Wandel von Staatlichkeit im Prozess der Internationalisierung, 2005, 175

10 *T. Vesting*, Rechtstheorie, 2015, 91.

11 Vgl. *U. di Fabio*, Das Recht offener Staaten, 1998, 145.

12 *U. di Fabio*, Das Recht offener Staaten, 1998, 145-46.

13 *T. Vesting*, Rechtstheorie, 2015, 111.

sollte.[14] Hinzu kommt die zunehmende Beteiligung von NGO und anderen privaten Akteuren, die Einfluss auf die funktionale Rolle im Rechtssystem ausüben,[15] was eine gegenseitige Beobachtung von Rechtsnormen und technischen Standards in ihrer faktischen normativen Kraft bedeutet. Im Rahmen des transnationalen Kontextes würde daraus folgen, die „dezentrale, autonome Produktion von Konventionen, Regeln und Standards, etwa die arbeitsrechtliche Bindung an interne *codes of conduct* eines transnational operierenden Unternehmens" zu akzeptieren, so dass „das Gesetzmonopol dann einem Gesetzgebungswettbewerb ausgesetzt [würde], für den die Idee eines flexiblen Netzwerks von Rechtsquellen an die Stelle starrer Vor- und Nachrangrelationen treten könnte. Die (staatszentrierte) Rechtsquellenhierarchie könnte dann zugunsten der Vorstellung einer Heterarchie von Rechtsquellen aufgegeben werden".[16] Das staatliche Recht verlangt eine Konfrontation mit anderen globalen Bereichen, indem es flexibler wird, statt einer einzigen territorialen Logik zu folgen.[17]

Die Geltung der transnationalen Normativität richtet sich nicht unbedingt an den Hierarchien der Staatsrechtsquellen aus, so wie die Rechtsnormativität nicht zwangsläufig die technische Logik befolgt, wenn sie sie in die Rechtsordnung integriert. Allerdings muss man in einer globalen Struktur davon ausgehen, dass eine Interdependenz und Kooperation verschiedener Ordnungen vorhanden ist:[18] Es ist wichtig einzusehen, dass es kein Zentrum und Peripherie, Top-down-Hierarchie und keine *ultima ratio* geben kann. Das rückt das öffentliche Recht jenseits der Staaten in eine multizentrale Verflechtung der Netzwerke.[19] Das Narrativ über die Transnationalisierung des Rechts, insbesondere bei der immer stärkeren Beteili-

---

14 *T. Vesting*, Die Staatsrechtslehre und die Veränderung ihres Gegenstandes: Konsequenzen von Europäisierung und Internationalisierung, 2003, 42.

15 *T. Vesting*, Die Staatsrechtslehre und die Veränderung ihres Gegenstandes: Konsequenzen von Europäisierung und Internationalisierung, 2003, 56.

16 *T. Vesting*, Rechtstheorie, 2015, 112.

17 Vgl. *T. Vesting*, Die Staatsrechtslehre und die Veränderung ihres Gegenstandes: Konsequenzen von Europäisierung und Internationalisierung, 2003, 59.

18 Vgl. *T. Vesting*, Die Staatsrechtslehre und die Veränderung ihres Gegenstandes: Konsequenzen von Europäisierung und Internationalisierung, 2003, 60-61.

19 *T. Vesting*, Die Staatsrechtslehre und die Veränderung ihres Gegenstandes: Konsequenzen von Europäisierung und Internationalisierung, 2003, 64.

gung von Akteuren, die Standardisierungsfähigkeit haben, legt nicht unbedingt die regulatorische Blockierung des Staates nahe, sondern eine regulatorische Beteiligung, die legitimierende Spuren ins Visier nimmt,[20] aber sie kann bestimmte staatliche und internationale Akteure einschließen oder ausschließen, so dass die übermäßige Politisierung und Bürokratisierung in technischen Lösungen vermieden wird.[21]

Wie bereits angedeutet, fordert eine Erklärung über die neue Verortung des Staates und folglich der Staatlichkeit selbst im Rahmen der Globalisierung ein Verständnis für den Wandel der Rechtsnormativität. Um die Rolle des Internets als Bedingung der Staatlichkeit (und demnach die staatliche Rechtsnormativität) zu verstehen, scheint es erforderlich, die Tragweite der Staatlichkeit festzustellen. Die Staatlichkeit ist durch die Verflechtung von Staatsgebiet, Staatsbevölkerung und staatlichem Gewaltmonopol gekennzeichnet. Die Bevölkerung reflektiert die kulturell und rechtlich einheitliche Gemeinschaft.[22] Das Staatsgebiet ist der Bereich, in dem die Staatsgewalt und die Sanktionen durchgesetzt werden, so dass die Staatshierarchie verständlich wird.[23] Allerdings entsteht, genauso wie die massive Migrationsbewegung den Bevölkerungsbegriff (hier klarerweise im europäischen Sinne) und den Bürgerschaftsbegriff verändert, eine Neuordnung der Gemeinschaft um die Internetplattform herum, die die Bildung eines neuen Konzeptes erzwingt, wie z. B. „Netizens". Gleichzeitig gewinnt das Staatsgebiet neu an Bedeutung, was nicht nur in der Europäischen Union zu verzeichnen ist, sondern auch durch neue Technologie geschieht, die z. B. ein soziales Netzwerk an einem nichtstaatlichen Ort er-

---

20 Im Gegensatz dazu behauptet Perrit: „Criteria for private governance must include standards for determining real consent-and thus activating a contractual matrix for private regulation. When consent is not the legitimating engine of private governance, public legal institutions must specify criteria entitling private regulatory regimes to deference or immunity, and conversely apply standards for civil liability. For private regulatory regimes with direct effect-exercise of private power to exclude persons from desirable resources-private rights of action must allow challenges to impermissible private regulatory decisions. The content of these rights of action should reflect public concerns", *H. H. Perritt Jr.*, Towards a Hybrid Regulatory Scheme for the Internet, 2001, 216.

21 Vgl. *S. Botzem; S. Quack*, Contested rules and shifting boundaries: International standard setting in accounting, 2005.

22 *J. Kokott*, Die Staatsrechtslehre und die Veränderung ihres Gegenstandes: Konsequenzen von Europäisierung und Internationalisierung, 2003, 12

23 *J. Kokott*, Die Staatsrechtslehre und die Veränderung ihres Gegenstandes: Konsequenzen von Europäisierung und Internationalisierung, 2003, 14

möglicht, was auch die Bedeutung eines anderen Symbols der Staatlichkeit – Versanddienste – schmälert:[24] Die Adressierung sowohl der Benutzer als auch ihrer Rechtspersönlichkeit hängt von technischen Regulierungen, Standards und Programmen ab. Demnach wird die Durchsetzung des staatlichen Gewaltmonopols durch das Netz eingeschränkt, weil sich im Netz neue Sanktionsformen beobachten lassen. In diesem Zusammenhang sind z. B. die Anwendung und Steuerung der Menschenrechte nicht nur auf den Staat konzentriert. Also ist ein anderer Souveränitätsbegriff gefordert als derjenige der letzten Entscheidung der staatlichen Sanktionseinheit – ein Begriff, der auch die internationalen Akteure im Rahmen des Entscheidungsprozesses umfasst.[25]

Mit der Herausbildung von Kommunikationssphären und sozialen Interaktionen im Netz wird der Begriff von „Ort" oder „Territorium" als Schlüsselelement des traditionellen Begriffes des Staates und der Staatlichkeit bei der Kreierung und Multiplizierung neuer Räume der Gesellschaft fraglich. Neben der autonomen, spontanen Produktion der Selbstnormativität in der Dynamik ihrer „örtlichen" sozialen Selbstpraxen (wie z. B. im Online-Raum) absorbieren diese Orte rechtstaatliche Inhalte in einer Doppelgleisigkeit zwischen staatlichen und gesellschaftlichen Normativitäten. Somit wird der Staat gezwungen, sich zu verschieben und seinen Standort zu ändern; d. h., das Staatsgebiet selbst bekommt notwendigerweise bei der Expansion der virtuellen Welt eine neue „Landkarte", auf der der Staat lediglich ein Teilnehmer in einem horizontalen Verhältnis ist. Man kann darüber nachdenken, inwiefern die Globalisierung und die Entstehung anderer Akteure die Staatlichkeit bedingen und den Staaten einen anderen Ort geben, aber man muss immer zusätzlich die Frage aufwerfen: Welche Rolle spielt das Internet bei der Staatsdezentralisierung, insbesondere mit Blick auf infrastrukturelle Dimension, regulatorische Institutionen und Intermediäre? Die Staaten fragmentieren sich in einer Netzarchitektur, deren Regulierung durch technische Standards informeller Akteure die Rolle der staatlichen und internationalen Akteure beschränkt. Die Kapazität dieser neuen Akteure, die Entstehung von wiederum neuen Akteuren und Tech-

---

24 *J. Kokott*, Die Staatsrechtslehre und die Veränderung ihres Gegenstandes: Konsequenzen von Europäisierung und Internationalisierung, 2003, 15 und 17.

25 *J. Kokott*, Die Staatsrechtslehre und die Veränderung ihres Gegenstandes: Konsequenzen von Europäisierung und Internationalisierung, 2003,19.

nologien zu ermöglichen, verstärkt den Eindruck eines Netzwerks. Erst daraus wird eine neue Bedeutung des Staates im Netzwerk verständlich.

2 *Internetaufbau: die verschiedenen Schichten*

Die bereits gewandelte Staatlichkeit wird noch intensiver durch den Wandel der Paradigmen der Medieninfrastruktur bedingt. Einige sind der Meinung, dass das Internet dem Staat eine „private Souveränität" bezüglich auf den technischen Prozess der Selbstregulierung auferlegt, was staatliche Regulierung und Regulierung zwischen Staaten bei elektronischen Themen weniger konzentriert und relevant werden lässt.[26] Vor diesem Hintergrund lässt sich genauer bestimmen, wie diese privaten Akteure wirken. Es empfiehlt sich, zunächst von der Analyse der Infrastruktur auszugehen, um danach die Aktivität ihrer Akteure über das technische Medium zu begreifen.

Es besteht kein Konsens über das vorherrschende Modell der Netzarchitektur. Einige Autoren halten es für hilfreich, das Internet anhand eines Modells von vier bis sechs verbundenen Schichten zu beschreiben.[27] Dem wird hier nicht gefolgt: Anstatt überhaupt nach dem genauesten deskriptiven Modell zu suchen, nach der genauen Anzahl von Schichten usw., geht es hier darum, zu betonen, dass zwar eine Differenzierung in Schichten vorliegt, aber alle miteinander verflochten sind und die Dimension des staatlichen Gewaltmonopols und der Staatsterritorialität bedingen. Das Internet ist nicht mithilfe eines Top-down-Modells konzeptualisierbar, sondern durch ein horizontales Modell, dessen Ziel es eher ist, den Endnutzer zu schützen als die Intermediäre.[28] Der Begriff der Horizontalität ändert nichts an der Tatsache, dass die Architektur Personen darin beschränkt, was sie machen oder nicht machen können,[29] sodass sie die Existenz von Codes ermöglicht, die soziale Werte transportieren. Für Analysezwecke

---

26 *J. R. Reindenberg*, Les defs a'la creation normative international, 2004, 6.

27 *D. C. Sicker; L. Blumensaadt*, Misunderstanding the layered Model(S), 2005-2006, 301.

28 *K. Werbach*, A Layered Model for Internet Policy Journal on Telecommunications and High-Tech Law, 2002, 58. In einem anderen Sinne: *R. S. Whitt*, A Horizontal Leap Forward: Formulating a New Communications Public Policy Framework Based on the Network Layers Model. 2003-2004, 601: Die Schichten sind horizontal, aber sie sind in vertikaler Weise in Bezug auf den Ende-zu-Ende-Grundsatz.

29 *L. Lessig*, Code is Law, 1999, 20.

wird hier von einem Vierer-Modell ausgegangen, das die folgenden Schichten differenziert: physische, logische, applikative und inhaltliche Schicht.

Obwohl das Internet global ist und uns dadurch die Vorstellung von Territorialität abhanden kommen kann, hat es zunächst eine physische Schicht (physical). Wirelines, terrestrische Kabel und Satelliten: Jegliche Form physischer Kommunikationsübertragung ist in dieser Schicht beheimatet.[30] Computer, die als Terminals, Server und Router fungieren, liegen der Vernetzung der physischen Kabelstruktur zugrunde,[31] die von einem konzentrischen Punkt der Standards abhängt, die im Internet als Protokolle vorliegen.[32]

Die logische Schicht (logic) umfasst die Lenkung und das Routing der Funktionen, die den Fluss der Informationen „unten" und um das Netz herum gewährleisten.[33] Die physikalische Schicht würde ohne die anderen Schichten funktionieren, aber sie könnte ohne die logische Schicht nicht vernetzt werden.[34] Einige der von der Internet Corporation for Assigned Names and Numbers (ICANN) als einheitliches System verwalteten technischen Standards sind direkt mit dieser Schicht verbunden. Hier liegt eine wichtige Übertragungsfunktion vor, sodass sie andere Schichten verbindet, indem sie als Kern das Transmission Control Protocol und das Internet Protocol (TCP/IP) hat. Diese Standards sind für die Identifikation der Computer im Netz und für die Adressierung der Nachrichten zuständig,[35] was die Vernetzung zwischen Computern mit verschiedenen Nummern verschiedener Protokolle beinhaltet.[36] Die Annahme dieses Proto-

30 *K. Werbach*, A Layered Model for Internet Policy Journal on Telecommunications and High-Tech Law, 2002, 61.

31 *C. Mctaggart*, A Layered Approach to Intemet Legal Analysis, 2003, 583.

32 Es gibt eine starke Forderung der Infrastrukturunternehmen, die die physikalische Schicht darstellen, nach weiteren Anlageinvestitionen oder gemeinsamen Investitionen, denn ein oder mehrere Akteure profitieren davon, ohne dazu beizutragen: Da man die technische Kapazität umsetzt, sind die Mehrkosten für die Benutzung gering, aber die Nutzer neigen dazu, für die Mehrkosten nicht zahlen zu wollen. Demnach ist die Relevanz der Vernetzung nicht nur von physikalischer Tragweite, sondern auch zu den Leistungsaspekten zu zählen, denn wer in anderen Schichten ist, ermittelt, wie die Pakete verfasst sein werden. Im diesen Sinne, *L. C. C. Borges*. Regulação e camada física da Internet: análise quanto à intervenção regulatória à luz da teoria neorrepublicana, 2018 ,189-212.

33 *K. Werbach*, A Layered Model for Internet Policy Journal on Telecommunications and High-Tech Law, 2002, 61.

34 *C. Mctaggart*, A Layered Approach to Intemet Legal Analysis, 2003, 584.

35 *C. S. Yoo*, Protocol Layering and Internet Policy, 2012-2013, 1743.

36 *C. Mctaggart*, A Layered Approach to Intemet Legal Analysis, 2003, 586.

kolls ist für die Teilnahme im Netz unabdingbar.[37]Die Internetdienstleister (ISP) weisen jedem Internetanschluss eine IP-Adresse zu und teilen diese Information mit anderen Servern.[38] Die Protokolle vereinfachen das technische Design, indem sie es in funktionaler Weise aufteilen und in jeder Schicht Aufgaben zuweisen. Das ermöglicht Modularität zwischen Schichten,[39] d. h., die Protokolle werden für die Nutzung der Programme lesbar, was sie mit der physikalischen Schicht vernetzt.

Die Schicht der Applikationen oder Dienste (applications) ist diejenige, die den Nutzern im Vergleich zu den Vorgängerschichten am nähesten kommt, denn in ihr wird Software verwendet, durch die Inhalte und Transaktionen im Netz möglich werden: Browser, Multiplayer, Sofortnachrichten, E-Mails etc. nutzen die Protokolle, um die Inhaltsherstellung zu ermöglichen, was das Verhältnis zwischen Server und Endnutzer vervollständigt.[40] Stellvertretend für diese Schicht kann man das Domain Name System (DNS) anführen, bei dem die IP-Protokolle von Websites durch alphanumerische Codes identifiziert sind: Die Nummerierung, die jede Website hat, wird durch einen Namen (etwa Google.com) dekodiert. Außerdem sind die Intermediäre auch hier von Bedeutung (Google, Facebook, Twitter etc.).

Die Schicht des Inhaltes (content) umfasst die für und durch die Benutzer weitergeleiteten Information als Teil der Umsetzung der Anwendungen über das Kommunikationsnetzwerk.[41] Das spielt sich auf einer wahrnehmbaren Ebene ab und ist der Grund dafür, dass die Nutzer das Internet nutzen, sei es zur Verarbeitung digitalisierter Inhalte oder auch zur Ausführung von Transaktionen in Zusammenhang mit Gütern oder Diensten.[42]

Der Begriff Infrastruktur kann nicht nur auf Straßen und Brücken angewendet werden, sondern auch auf Protokolle, Standards und Speicher, mit denen digitale Dienste von Computern ermöglicht werden.[43] Die den Ortsverhältnissen, der Bevölkerung und folglich der Sanktionsdurchset-

---

37 *C. Mctaggart*, A Layered Approach to Intemet Legal Analysis, 2003, 606.

38 *C. Mctaggart*, A Layered Approach to Intemet Legal Analysis, 2003, 584-85.

39 *D. C. Sicker; L. Blumensaadt*, Misunderstanding the layered Model(S), 2005-2006, 305.

40 *C. Mctaggart*, A Layered Approach to Intemet Legal Analysis, 2003, 587; 597; *C. S. Yoo*, Protocol Layering and Internet Policy, 2012-2013, 1742-1743.

41 *K. Werbach*, A Layered Model for Internet Policy Journal on Telecommunications and High-Tech Law, 2002, 63.

42 *C. Mctaggart*, A Layered Approach to Intemet Legal Analysis, 2003, 587-88.

43 *L. Denardis; F. Musiani*, Governance by Infrastructure, 2016, 5.

zung von der Infrastruktur auferlegten Bedingungen sind zahlreich. Dabei handelt es sich zunächst nur um Bedingungen, was der Wichtigkeit der Staatlichkeit keinen Abbruch tut, aber es sind doch echte Bedingungen. In diesem Zusammenhang ist, wenn man von „Internet Governance" spricht, besondere Aufmerksamkeit vonnöten. Unter Governance versteht man gewöhnlich Folgendes: „Governance is the sum of the many ways individuals and institutions, public and private, manage their common affairs. It is a continuing process through which conflicting or diverse interests may be accommodated and co-operative action may be taken. It includes formal institutions and regimes empowered to enforce compliance, as well as informal arrangements that people and institutions either have agreed to or perceive to be in their interest".[44] Trotzdem ist dieser Begriff im Falle des Internets schwer zu verteidigen. Dementsprechend kann man nicht „Governance der Infrastruktur" sagen, sondern „Governance durch Infrastruktur".[45] Demnach scheint es richtig, die Staatlichkeit nicht so sehr in den Kontext des Netzaufbaus zu stellen, sondern sie als *durch den Aufbau* bedingt zu betrachten. In allen Schichten gibt es etwas Bedingendes: Kabel oder kabellose Systeme, die andere Computer und Server verbinden, sodass territoriale Grenzen sich auflösen; bindende Protokolle von Netzakteuren (der Staat inbegriffen), die die staatliche Rechtsordnung durch Standards privater Akteure begrenzen; Apps, die Dienstleistungen anbieten und gleichzeitig eine Nutzergemeinschaft schaffen (und sie gegebenenfalls „unsichtbar" machen und der staatlichen Normanwendung entziehen); mithilfe des Netzes erstellte Inhalte, die Meinungsfreiheit erleichtern oder Staatsgeheimnisse enthüllen. Aufgrund der Netzstruktur verflechten sich die genannten Probleme in den Schichten, sodass es keine Möglichkeit vollständiger Isolierung gibt.

Jedwede Änderung in der Architektur betrifft die Zuständigkeit und Haftung zwischen Dienstleister, Content-Produzent, Nutzer und Netzbetreiber. Sie betrifft auch das Engagement des Systems im Netzwerk, das der Nutzer und die zur Umsetzung des Servicebetriebes des Netzes notwendigen Aktivitäten. Die Architektur beeinflusst die Nachhaltigkeit der Geschäftsmodelle im Netz (insbesondere bezüglich der digitalen Inhalte und personenbezogenen Daten). Sie macht Formen der Interaktion zwischen lokaler und globaler Ebene und Standards der Artikulation zwischen Individuellem und Kollektivem sichtbar. Durch die Architektur und das De-

---

44 Commission on Global Governance. Our Global Neighborhood, 1995. Abrufbar unter: https://www.gdrc.org/u-gov/global-neighbourhood/chap1.htm

45 *L. Denardis; F. Musiani*, Governance by Infrastructure, 2016, 9.

sign bildet sich das Recht der Nutzer aus, was zuverlässige Formen der technischen und rechtlichen Regulierung verlangt, die nicht auf Kosten der Innovationskraft gehen. Dementsprechend ist die Architektur ein entscheidender Faktor in der Rechtsdefinition des geistigen Eigentums, der Privatsphäre und des Auskunftsrechts.[46]

Diese von der Architektur auferlegten Charakteristika sind wichtig, um eine ausschließlich auf institutionelle Aspekte fokussierte Perspektive, d. h. auf soziale Akteure, die für das ganze Internet verbindliche technische Standards und Rechtsnormen organisieren und schaffen, zu relativieren. Solche Akteure spielen zwar eine wichtige Rolle im Netz; sie können aber wegen der Architekturlogik keine zentrale Rolle in der Internet-Governance übernehmen. Die Governance ist nicht nur für technische Fragen verantwortlich, sondern reflektiert auch politische und ökonomische Debatten und Interessen der Zivilgesellschaft, was die politische Verfügungsmacht über den Cyberspace beeinflusst.[47] Durch die Architektur entsteht der Cyberspace, der aus verschiedenen von technischen Codes geschaffenen und begrenzten Orten besteht,[48] und ermöglicht die Entstehung der vielen anderen Akteure, die je nach Fähigkeit zu Mitgliedschaft sehr wichtig für die Internet-Governance sein können. Dementsprechend kann man behaupten, dass die Architektur den Verwaltungskern des Internets ausmacht, was keinesfalls die Bedeutung der institutionellen und regulatorischen Aspekte des Internets ausschließt, die sich in einigen sozialen Akteuren konzentrieren.

3 *Die privaten regulatorischen Akteure: ICANN, W3C und IETF*

Es gibt zahlreiche Institutionen, die neben den Staaten an der digitalen Kommunikation arbeiten. Zu den am häufigsten erwähnten Institutionen, die zu einer Verschiebung des staatlichen Ortes beitragen, gehören: Internet Engineering Task Force (IETF), World Wide Web Consortium (W3C) und Internet Corporation for Assigned Names and Numbers (ICANN). Während sich die Debatte auf internationaler Ebene etwas zentralisierte, gibt es im Gegensatz zum Netz keine zentrale Organisation, deren Regeln

46 Vgl. *F. Musiani*, Network architecture as internet governance, 2013, 6.
47 *L. Denardis; F. Musiani*, Governance by Infrastructure, 2016, 18-19.
48 Vgl. *L. Lessig*, Code is Law, 82.

festgelegt werden.[49] Dementsprechend schaffen diese Institutionen die Protokolle und verwalten DNS, wobei das Protokoll TCP/IP als Kern fungiert. Vor der Verbreitung von Privatisierung spielten internationale Institutionen (wie International Telecommunication Union (ITU)) eine große Rolle in der globalen Telekommunikation und in der Bestätigung der traditionellen Position des Staates. Derzeit muss diese Aussage relativiert werden: Die Logik der Architektur und solcher verwaltender Netzinstitutionen verlangt, einen anderen Ort zu besetzen.[50] Um die entscheidende Bedeutung dieser neuen Akteure zu verstehen, muss man begreifen, wie die internationalen Akteure im Standardisierungsprozess der Telekommunikation erst entstanden sind.

3.1 International Telecommunications Union: ein Anfang

Als die Telegrafie im Jahr 1844 erfunden wurde, gab es die Schwierigkeit, ein standardisiertes Modell zu schaffen, das andere Länder verbinden könnte. Das führte zu formellen Anordnungen, die Vernetzung zu erleichtern, was zwar die Standardisierung der Geräte, insbesondere in Europa, bewirkte, aber noch durch eine große Anzahl bilateraler und regionaler Abkommen ergänzt wurde.[51] Vor dem Hintergrund der Verwaltung der Abkommen und Organisation der Änderungen oder Revisionen der von den Staaten beschlossenen Prozesse entstand eine internationale Organisation: die International Telegraph Union. Die Standardisierung war eine neue Herausforderung, weil sie nicht nur mit Kommunikationsmodellen umgeht, die der Staat kontrollierte, sondern auch mit privaten Kommunikationsmodellen, wie sie z. B. in den USA vorherrschend waren. Dennoch nahmen die USA angesichts der Bedeutsamkeit des Gegenstands an der Fourth Plenipotentiary Conference der ITU im Jahr 1875 teil, was beiden

49 *D. L. Cogburn*,The Multiple Logics of Post-Snowden of Reconstructuring of Internet Governance, 2016, 28.

50 *D. L. Cogburn*,The Multiple Logics of Post-Snowden of Reconstructuring of Internet Governance, 2016, 33. In ähnlichem Sinne, *L. Viellechner*. Transationalisierung des Rechts, 2013, 118: „Da das Internet aus politikferner Forschung hervorgegangen und, anders als Telekommunikation, von vornherein global angelegt war, hat es sich bislang aber nicht nur der Regulierung durch einzelne Staaten, sondern auch dem *Völkerrecht weitgehend entzogen*".

51 *J. Mathiason*, Internet Governance: The New Frontier of Global Institutions, 2009, 25.

Modellen ermöglichte, zusammenzuwirken und zu einem Konsens zu kommen.[52]

Dieses institutionelle Modell entwickelte sich so, dass Telefondienst und Funksystem in die getroffenen Vereinbarungen inkorporiert wurden. Im Jahr 1932 wurde diese internationale Organisation zur International Telecommunications Union (ITU). Über ihre Funktion als Beratungsgremium hinaus wurde sie auch zu einem Organ der technischen Forschung: Hatte eine Forschung weltweite Auswirkungen, so konnte man davon ausgehen, dass die ITU dafür verantwortlich zeichnete.[53] Die ITU basiert im Kern auf der Idee, dass die Schwächung der Segmentierung der Staaten auch auf die Globalisierung der technischen Standards zurückzuführen ist. Obwohl die Anforderungen entsprechend der Notwendigkeit der Ausweitung der Dienstleistungen zunahmen, konnte die ITU diese Frage mit einiger Effizienz – wenn auch langsam – beantworten. Jedoch änderte sich dies mit dem Aufkommen des Internets.

3.2 Die Entstehung des Internets und die Schaffung einer Internet Engineering Task Force

Die anfängliche Dominanz der nichtstaatlichen Akteure geht auf den Ursprung des Internets selbst zurück. Zwischen 1960 und 1970 gingen die größten Ressourcen für die Forschung an Universitäten vom US-Verteidigungsministerium aus, was die Entstehung des Advanced Research Projects Agency Network (ARPANET) ermöglichte. In diesem Zusammenhang wurde das Protokoll TCP/IP entwickelt. Dieser Formalisierungsprozess setzte sich in den folgenden Jahren fort und zog z. B. die Entstehung des Internet Activities Board (IAB) nach sich. Im Jahr 1986 schaffte das IAB die Internet Engineering Task Force (IETF), um die Architekturprobleme zu lösen und die erforderlichen Protokolle auf den Weg zu bringen, damit das Internet tatsächlich funktionieren könnte. Im weiteren Verlauf blieb das IAB verantwortlich für die Überwachung und das Management

52 *J. Mathiason*, Internet Governance: The New Frontier of Global Institutions, 2009, 25.

53 *J. Mathiason*, Internet Governance: The New Frontier of Global Institutions, 2009, 26.

der geschaffenen Standards, während die IETF das vorrangige Forum für Maßnahmen, Tests und Debatten über technische Standards wurde.[54]

Die IETF ist eine Institution, die die Hauptprotokolle des Internets auswählt und mit Arbeitsgruppen operiert, um technische Probleme in den Rechtsbereichen Eigentum, Betriebsflächen und Verwaltung, Sicherheitsinfrastruktur und Transport zu behandeln.[55] Die IETF wird begrenzt durch The Internet Standards Process (RFC 2026) und „is concerned with all protocols, procedures, and conventions that are used in or by the Internet, whether or not they are part of the TCP/IP protocol suite".[56] Die IETF fordert Konsens und benötigt die interoperable Umsetzung als Teil des Standardisierungsprozesses, was nicht ausschließt, dass Unternehmen an diesem Prozess teilnehmen, insbesondere an Konsortien, sodass offene Codes es ermöglichen, neue Geschäftsmöglichkeiten zu eröffnen.[57] Im Vergleich zu internationalen technischen Organen ist der Standardisierungsprozess der IETF offener und an das Prinzip „rough consensus and running code" gebunden, was das Verfahren beschleunigt und die Umsetzung und Interoperabilität der Standards gewährleistet.[58]

3.3 World Wide Web Consortium: ein weiterer Akteur der Standardisierung

Um den Internetzugang zu erleichtern und Hypertexte zu vernetzen, wurde ein Server geschaffen und ein WorldWideWeb genanntes Programm von Tim Berners-Lee ins Leben gerufen. Im Jahr 1993 wurde der Quellcode des WorldWideWeb für die Öffentlichkeit verbreitet, so dass jede Person kostenlos Software entwickeln oder benutzen könnte. Das zog einen Browser-Krieg nach sich, insbesondere zwischen Netscape und Microsoft, die versuchten, den Internetmarkt zu beherrschen. Das stiftete Verwirrung bei der Schaffung von Websites, denn Produzenten von digitalen Inhalten mussten verschiedene Websites für die verschiedenen Browser bereitstel-

54 *M. Froomkin*, Habermas@Discourse.Net: Toward a Critical Theory Of Cyberspace, 2002-2003, 785-93.

55 *J. Mathiason*, Internet Governance: The New Frontier of Global Institutions, 2009, 33; und https://www.ietf.org/about/.

56 Abrufbar unter https://datatracker.ietf.org/doc/rfc2026/?include_text=1

57 *K. Jakobs*, Einige Aspekte der Standardisierung in der Informationstechnik, 2003, 134.

58 *K. Jakobs*, Einige Aspekte der Standardisierung in der Informationstechnik, 2003, 138.

len, auch wenn die Seiten die gleichen Inhalte hatten. In 1994 gründete Tim Berners-Lee das World Wide Web Consortium (W3C) am Massachusetts Institute of Technology mit Unterstützung der Europäischen Organisation für Kernforschung (CERN), der Defense Advanced Research Projects Agency (DARPA) und der EU-Kommission. Der Zweck von W3C war die Standardisierung von Protokollen und benutzter Technologie, um das Web so aufzubauen, dass der Inhalt für jeden Benutzer verfügbar ist.[59]

Während die IETF sich auf die Architektur des Internets konzentriert, ist das W3C „ein internationales Konsortium, in dem Mitgliedsorganisationen, ein fest angestelltes Team, und die Öffentlichkeit gemeinsam daran arbeiten, Web-Standards zu entwickeln. Ziel des W3C ist: Dem World Wide Web dadurch seine vollen Möglichkeiten zu erschließen, dass Protokolle und Richtlinien entwickelt werden, die ein langfristiges Wachstum des Web sichern".[60] Die Mitgliedermehrheit von W3C und IETF wird von privaten Akteuren gestellt, aber das W3C weist eine höhere Diversität unter den Akteuren auf. Im IETF sind Mitglieder von Computer- und Telekommunikationsunternehmen sehr präsent, während es im W3C mehr NRO, eine höhere akademische Präsenz und eine ausgewogenere geographische Vertretung gibt.[61] Die Standards dieser Akteure setzen eine „Open Web Platform" für „application development" ein, die das beispiellose Potential hat, den „Entwicklern" zu ermöglichen, reiche interaktive Erfahrungen zu machen, die ihrerseits durch riesige, auf allen „devices" verfügbare „data stores" ermöglicht werden. Wenngleich die Plattformgrenzen sich noch kontinuierlich entwickeln, spricht die überwiegende Mehrheit der Industrieführer über HTML5 als einen künftigen Grundstein der Plattform. Nichtsdestoweniger gilt: „The full strength of the platform relies on many

---

59 Abrufbar unter https://www.w3.org/wiki/The_history_of_the_Web.

60 Über das W3C, abrufbar unter http://www.w3c.de/about/ .

61 *J. Mathiason*, Internet Governance: The New Frontier of Global Institutions, 2009, 38-39. Auch verfügbar in W3C Process Document: Introduction, art. 1.1 („People generate interest in a particular topic (e.g., Web services). For instance, Members express interest in the form of Member Submissions, and the Team monitors work inside and outside of W3C for signs of interest. Also, W3C is likely to organize a Workshop to bring people together to discuss topics that interest the W3C community. This was the case, for example, with Web services") und 2.2 („W3C membership is open to all entities, as described in „How to Join W3C" [PUB5]; (refer to the public list of current W3C Members [PUB8]). Organizations subscribe according to the Membership Agreement [PUB6]. The Team must ensure that Member participation agreements remain Team-only and that no Member receives preferential treatment within W3C"), abrufbar unter https://www.w3.org/standards/.

more technologies that W3C and its partners are creating, including CSS, SVG, WOFF, the Semantic Web stack, XML, and a variety of APIs.W3C develops these technical specifications and guidelines through a process designed to maximize consensus about the content of a technical report, to ensure high technical and editorial quality, and to earn endorsement by W3C and the broader community".[62] Etwas verkürzt kann man sagen, dass W3C eher am Design arbeitet, während IETF die Infrastruktur-Standards entwickelt.

3.4 Internet Corporation for Assigned Names and Numbers und Domain-Name

Die Situation weit verbreiteter Unzufriedenheit mit der Internet-Verwaltung, die Zunahme von Streitigkeiten um Domänennamen und der Mangel an spezifischen Mechanismen für den Kampf gegen unlautere Registrierung von Domains sind Beispiele für die Faktoren, die den Ex-Präsidenten Clinton zwangen, die Absicht, die Internet-Verwaltung zu privatisieren, anzukündigen.[63] In diesem Szenario entstand im September 1998 die ICANN, eine nicht-kommerzielle, an die kalifornische Rechtsordnung gebundene Institution für die technische Internetkoordination, die die Domains und die IPs zuordnet und bestimmt.[64] Im Gegensatz zum IETF und zum W3C ist die ICANN mit delegierter Behörde und mit einer Rechtsgrundlage ausgestattet:[65] Der Rechtsstatus von ICANN wurde durch drei Verträge mit dem US-Department of Commerce festgelegt, die die Privatisierung von Infrastruktur und Dezentralisierung des Internets insbesondere bei der Vergabe von Namen und Adressen im Internet vorsahen,[66] was nicht bedeutet, dass die ICANN eine internationale Organisation oder eine NRO ist.[67] Trotzdem besitzt die ICANN Autorität, wie es bei der staatlichen Adressierungstätigkeit der Fall ist.

Die Funktion der ICANN besteht grundsätzlich darin, die Richtlinien für die Zuordnung, Schaffung und Verwaltung von Internetadressen ein-

---

62 Abrufbar unter https://www.w3.org/standards/.

63 *J. Laketic*, Control de Internet: Las implicaciones políticas de las funciones de la IANA, 2016, 134.

64 *B. Company*, A Public Law Approach to Internet Standard Setting, 2016, 73.

65 *B. Company*, A Public Law Approach to Internet Standard Setting, 2016, 80.

66 *J. Hofmann*, Wandel von Staatlichkeit in digitalen: Zwischen Hierarchie und Selbstregulierung, 2007, 38-39.

67 *L. Viellechner*, Transationalisierung des Rechts, 2013, 138.

zurichten. Außerdem unterstützt sie die Operationalisierung des Root-Server-Systems, was ermöglicht, dass die Informationspakete von den Absendern zu den Empfängern gelangen.[68] Im Falle der Domainregistrierung bedient sich die ICANN der Uniform Dispute Name Resolution Policy (UDRP), indem sie eine Liste von Entscheidungsgremien (vergleichbar mit Schiedsgerichten) für den Fall führt, dass Streitigkeiten vorkommen.[69] Laut Froomkin ist diese Tätigkeit mit Macht im Rahmen der Internet-Verwaltung verbunden: „The need to enforce uniqueness, that is, to prevent two people from attempting to use the exact same domain name, creates a need for some sort of body to monitor or allocate naming. However, control over the DNS confers substantial power over the Internet. Whoever controls the DNS decides what new families of „top-level" domain names can exist (e.g., new suffixes like .xxx or .union) and how names and essential routing numbers will be assigned to websites and other Internet resources".[70]

Dies führt nicht zu einem Modell, das die Staatsbeteiligung in der Internet-Verwaltung vollständig ausschließt, weil die ICANN selbst Ergebnis einer nationalen Initiative, beruhend auf dem kalifornischen Gesetz, ist; es verstärkt sich jedoch die Tendenz, dass Staaten und private Akteure immer häufiger auf informelle Weise bei der Ausbildung von Normen zusammenwirken.[71] Die ICANN hat die Kontrolle über generic Top Level Domain (gTLD) inne, indem sie den Ländern das Recht der Verwaltung der

---

68 *J. Laketic*, Control de Internet: Las implicaciones políticas de las funciones de la IANA, 2016. 132.

69 Liste abrufbar unter https://www.icann.org/resources/pages/providers-6d-2012-02-25-en. Die Institutionen werden zum Entscheidungszentrum, was ermöglicht, mit den Codes Recht und Unrecht dadurch zu arbeiten, dass der UDRP das als Entscheidungsprogramm bleibt. Es ist ersichtlich, dass dieser Ansatz in Bezug auf Transnationalität eine Unterscheidung zwischen Gesetzgebung und Rechtsprechung markiert, bei der es sich „um die 'Anwendung' des Rechts durch Entscheidung von Einzelfällen" handelt. Dementsprechend „mag der Grund liegen, weshalb das System seine eigene Einheit nur mit Hilfe von Unterscheidungen in Operationen umsetzen kann und daß man Unterscheidungen wie Recht und Unrecht, Normen und Fakten oder eben: Geltung (qua Entscheidung) und Gründe (qua Argumentation) im System nicht auf ein Prinzip, einen Ursprung, eine Vernunft reduzieren kann" in *N. Luhmann*, Das Recht der Gesellschaft, 1993, 306 und 310. Deswegen, Teubner, Fischer-Lescano und Karavas et al. Das Verhältnis zwischen ICANN, UDRP und Entscheidungszentrum als „Lex Digitalis".

70 *M. A. Froomkin*, Wrong Turn in Cyberspace: Using ICANN to Route around the APA and the Constitution, 2000, 21

71 *G. M. Ruotolo*, Fragments of fragments. The domain name system regulation: global law or informalization of the international legal order?, 2017, 166-67.

country code Top Level Domain (ccTLD, wie etwa .de, .br, .ar etc.) gewährt. Jedoch ist die Adressform nicht mehr vollständig auf den Staat zentriert, obwohl es eine internationale Regulierung (X.400) gibt.[72] Außerdem unterliegen die ccTLD delegierter Kontrolle, ohne dass es eine implizite souveräne Kontrolle über die Namen der nationalen Domäne gibt.[73]

3.5 Veränderung durch Versetzung: private Akteure als öffentliche Autoritäten

Bemerkenswert ist, dass die erwähnten Institutionen nicht nur in ihrem Kern sowohl informellen als auch privaten Charakter haben, sondern auch die Qualifikation einer Autorität jenseits der Staaten.[74] Die globale Verwaltung ist durch die Verschiebung der politischen Autorität (nicht selten weit entfernt vom Staat) gekennzeichnet, indem sie in privaten, hybriden oder informellen Institutionen erscheint.[75] Die Informalität verbreitet die Autorität durch die Privatisierung, die nichtrechtliche Instrumente verwendet, wie z. B. technische Standards als regulatorische Form.[76] Die Internet Governance wird von Regierungen, privaten Sektoren und Zivilgesellschaft – in ihren jeweiligen Rollen – durch Grundsätze, Normen, Regeln, Verfahren für Entscheidungsfindung und Programme übernommen, die die Entwicklung und Internetnutzung definieren.[77] Dementsprechend handelt es sich um eine Kombination zwischen öffentlichen und privaten Akteuren, deren Organisation nicht den Vorrang einer internationalen Organisation als Vermittlerin kennt, sondern eine kollektive Zuordnung durch die Architektur voraussetzt, die öffentlichen und privaten Autoritäten Verantwortung zuweist. Dies umfasst öffentliche Politik, technische Koordination und Standardisierung.[78]

Das verhindert keineswegs das Aufkommen internationaler Veranstaltungen wie etwa des World Summit on the Information Society, die globa-

72 *J. Hofmann*, Wandel von Staatlichkeit in digitalen: Zwischen Hierarchie und Selbstregulierung, 2007, 9.

73 *J. Hofmann*, Wandel von Staatlichkeit in digitalen: Zwischen Hierarchie und Selbstregulierung, 2007, 25.

74 *B. Company*, A Public Law Approach to Internet Standard Setting, 2016, 53.

75 *B. Company*, A Public Law Approach to Internet Standard Setting, 2016, 54.

76 *B. Company*, A Public Law Approach to Internet Standard Setting, 2016, 56-57.

77 World Summit on the Information Society, *Tunis Agenda for the Information Society*, WSIS-05/TUNIS/DOC/6(Rev. 1)-E.

78 *B. Company*, A Public Law Approach to Internet Standard Setting, 2016, 58-59.

le Praxen der rechtlichen Werte zu konsolidieren versuchen, wie etwa Meinungsfreiheit, Schutz der Privatsphäre, Rechte an geistigem Eigentum etc.[79] Allerdings trägt das nicht dazu bei, eine Rolle zu stärken oder abzustecken, die früher für die internationalen Institutionen sinnvoll war, wie im Falle der ITU. Gewissermaßen versuchen die regionalen zwischenstaatlichen Organisationen (Organisation für wirtschaftliche Zusammenarbeit und Entwicklung, OECD, und der Europarat, CoE) oder globalen Organisationen eine eigene Rolle als Beteiligte im Prozess der Internet-Verwaltung zu besetzen,[80] nicht aber an zentraler Stelle.

Es gibt eine Ausübung informeller Autorität durch IETF und W3C, denn die Regulierungsinstrumente, die nach politischen Zwecken suchen, sind diversifiziert, was die Freiheit durch das Recht oder technische Standards betrifft.[81] Diese sind Regulierungsinstrumente durch Technologie, von einem Code ausgehend, die das Nutzerverhalten bedingen. Z. B. ist TCP/IP verantwortlich für die Vernetzung von allen Kommunikationsprotokollen zwischen Computergeräten, d. h. verantwortlich für die Vernetzung aller Netzschichten.[82] Im Vergleich zur internationalen oder nationalen Ebene sind die Standards von IETF und W3C sehr informell, weil sie nicht rechtlich und politisch bindend sind: Sie sind in keinem internationalen Regulierungsinstrument ausdrücklich anerkannt.[83]

Das Völkerrecht ist gezwungen, diese informellen Verschiebungen durch private Akteure zu bestätigen. Es wird immer üblicher, dass staatliche und internationale Behörden nicht nur klassische Völkerrechtsquellen anwenden, sondern auch regulatorische und organisatorische Strukturen heranziehen, die durch ein hohes Maß an Informalität geprägt sind.[84] Das liegt daran, dass es ein Interesse gibt, die Staatsgrenzen zu überwinden, was die Exklusivität der traditionellen völkerrechtlichen Akteure durch formelle Verfahren und Regeln ausschließt, denn die informellen Regeln führen zu transnationalen Verbindungen, wie etwa DNS, das Staaten, internationale Organisationen, NRO und Individuen vernetzt, die einen Do-

---

79 *B. Company*, A Public Law Approach to Internet Standard Setting, 2016, 59-60.

80 *N. S. Levinson*; *M. Marzouki*, International Organizations and Global Internet Governance: Interorganizational Architecture, 2016, 50.

81 *B. Company*, A Public Law Approach to Internet Standard Setting, 2016, 67.

82 *B. Company*, A Public Law Approach to Internet Standard Setting, 2016, 78.

83 *B. Company*, A Public Law Approach to Internet Standard Setting, 2016, 83.

84 *G. M. Ruotolo*, Fragments of fragments. The domain name system regulation: global law or informalization of the international legal order?, 2017, 163.

mänennamen registrieren wollen.[85] In diesem Zusammenhang ist es nicht ungewöhnlich, dass technische Organisationen – wie etwa IETF, IAB, Internet Society (ISOC), Domainbetreiber und andere interessierte private Parteien mit globalen Interessen – zur Änderung von Richtlinien eingeladen werden, während Staaten und internationale Organisationen aus Angst vor unzulässigem Einfluss autoritärer Regime auf das Netz ausgeschlossen werden.[86]

Das bestätigt die Annahme, dass der Staat sich nicht mehr in einem hierarchischen Verhältnis befindet. Der Staat ist noch wichtig, insofern es sich um ein territorial begrenztes Verhältnis handelt. Aber auch dort liegt eine technische Normativität vor, die nicht unbedingt auf den Staat zurückgeht: Adressierungspolitik wird durch private Akteure reguliert und geschaffen. Man kann behaupten, dass die Staatlichkeit, wie sie auf der Internetebene in Erscheinung tritt, sich immer mehr von der Politik zur Technik verschiebt. Diese Tendenz wurde durch die NETmundial-Konferenz im Jahr 2014 verstärkt, als sich nationale und private Akteure (IETF, W3C und ICANN inbegriffen) trafen, um Lösungen für das Verhältnis von Datenschutz und Überwachung nach der Enthüllung Edward Snowdens zu finden. Das Ergebnis war die Ausarbeitung von Grundsätzen, die die Innovationsfähigkeit, Offenheit und Sicherheit im Internet gewährleisten, während sie Menschenrechte wie z. B. Meinungsfreiheit, Informationsfreiheit und Zugang zu Information, Vereinigungsfreiheit und Datenschutz respektieren.[87] Die Konferenz stellt die Akteure an einen Ort, den die Architektur gewissermaßen festgelegt, d. h., in ein Multistakeholder-Governance-Modell, in dem weder die Staaten und internationalen Institutionen noch private Akteure hierarchisch aufeinander bezogen sind.

Obwohl es regulatorische Akteure im Netz gibt, wirkt die Architektur so, als ob sie die echte Regulierungsbehörde wäre. Wegen ihrer offenen Struktur ermöglicht sie neue Technologien, die nicht vom DNS abhängen. Z. B. ist das System peer-to-peer (P2P) „a computer-networking model structured in a decentralized manner, so that communications or exchanges take place between nodes entrusted with equal responsibility in the system. Participants in the network make some of their computational equipment and resources (power, storage, bandwidth) available to the sys-

85 *G. M. Ruotolo*, Fragments of fragments. The domain name system regulation: global law or informalization of the international legal order?, 2017, 164.

86 *G. M. Ruotolo*, Fragments of fragments. The domain name system regulation: global law or informalization of the international legal order?, 2017, 165.

87 Abrufbar unter http://netmundial.org/principles.

tem; accessible directly by peers, these shared resources are necessary for the proper functioning of the service offered by the network".[88] Durch dieses System wird jeder Nutzer nicht lediglich ein Verbraucher, sondern auch ein Verteiler und Hersteller digitaler Inhalte.[89] In einem emblematischen Fall wurde der Hosting-Dienst der Enthüllungsplattform WikiLeaks (wikileaks.org) gesperrt, nachdem sie tausende von diplomatischen geheimen Informationen der USA enthüllt hatte. Es erweist sich, dass die Inhaltsvermittlung sich durch die Netzinfrastruktur kooptieren lässt, was die Meinungsfreiheit und den Zugang der Nutzer und Entwickler einschränkt.[90] Als Lösung wurde ein Register der alternativen Domänennamen geschaffen, die im System-P2P dezentralisiert wurde, d. h., jeder Nutzer würde einen Teil des DNS in seinem Computer hosten, sodass auf jede vorübergehend unzugängliche Domäne durch ein alternatives Register zugegriffen werden kann.[91] Die Architektur ermöglicht sowohl die Existenz eines institutionellen Rahmens als auch der technischen Praxen durch neue soziale Akteure, die den Staat an einen anderen Ort stellen: den der Horizontalität.

4 Netzwerkstaat und die Entstehung der Intermediäre: zwischen Horizontalität und Asymmetrien

Im Dezember 1989 (nach über 22 Jahren an der Macht) wurden der Staatschef und Diktator Nicolae Ceauscescu und seiner Frau Elena gestürzt und erschossen. Der Dokumentarfilm *Videogramme einer Revolution* (1992) von Andrei Ujica und Harun Farocki nimmt den Moment auf, in dem die Menge, die bereits in die Gebäude des Zentralkomitees der kommunistischen Partei eindrang, nicht nur den Sitz des Staatsfernsehens besetzte, sondern auch die Übertragung übernahm. Es steht außer Frage, dass die Besetzung des Fernsehsenders zusätzlich zum Regierungssitz strategisch wichtig für die Machtübernahme war. Auf gleiche Weise ging die Plünderung der Nationalversammlung und die Besetzung des Staatsfernsehens in

88 *F. Musiani*, Alternative Technologies as Alternative Institutions: The Case of the Domain Name System, 2016, 75.
89 *F. Musiani*, Alternative Technologies as Alternative Institutions: The Case of the Domain Name System, 2016, 76.
90 *F. Musiani*, Alternative Technologies as Alternative Institutions: The Case of the Domain Name System, 2016, 78
91 *F. Musiani*, Alternative Technologies as Alternative Institutions: The Case of the Domain Name System, 2016, 79.

Burkina Faso im Jahr 2015 vor sich. Im Gegensatz zum rumänischen Fall geschah die Mobilisierung auch durch Twitter, Facebook und Videos auf YouTube.[92] Ohne die Bedeutung von traditionellen Massenmedien zu leugnen (was folglich auch die Art und Weise, wie man traditionellerweise den Staat versteht, unterstützt), bestimmen die neuen Plattformen nicht nur die Formen, mit denen Staaten kommunizieren, sondern auch, wie sie *wissen*.

Angesichts einer Architektur und informeller regulatorischer Akteure ist der Staat nur ein Knoten unter anderen: „Das neue Ordnungsmodell, das in der Netzwerkkultur für Orientierung sorgen könnte, wäre nicht das eines einheitsstiftenden souveränen Subjekts oder eine Mehrzahl von organisierten Subjekten, die sich in einem Integrationsprozess unaufhörlich auf die Herstellung politischer Einheit zubewegen und in dessen Mitte sich der Staat befindet".[93] Es wäre keine Übertreibung zu behaupten, dass das Internet die bekanntesten Elemente der Staatlichkeit zu einem Begriff von „Netzwerkstaat"[94] hin verschiebt. Diese staatliche Dimension erweitert nicht die Sicht auf subjektive Rechte und ihre Subjekte, was Subjekte der privaten Ordnung einschließt, ebenso wie Unternehmen, Produktionsnetzwerke, Vertragsverbünde, Schulen, Universitäten, Medien etc., sodass die Form der Selbstorganisation dieser Strukturen verteidigt wird.[95] Mit der Zunahme der staatlichen Verflechtung mit technischem Wissen, insbesondere algorithmenbasiertem Wissen, muss der Staat eine Öffnung in diesen „netzwerkbasierten Architekturen"[96] vollziehen, ohne zu verhindern, was die Architektur selbst ermöglicht: die Schaffung emergenter Ordnung.

Die Netzwerkkultur fragmentiert das Staatswissen im Archiv des Netzwerkes, d. h., wie die Daten für zukünftige Regulierungen mitgeteilt werden.[97] Laut Vissmann gibt es eine Verwässerung des Wissens durch neue Kommunikationsmedien, was folglich den Staat selbst verändere, der dadurch definiere und definiert sei, was er wisse.[98] Durch das Internet wird der Informationsprozess mitgeteilt, d. h., das Wissen des Staates dient privaten Akteuren, ebenso wie das Wissen des Archivs dieser Akteure die Art

---

92 Informationen abrufbar unter http://piaui.homolog.inf.br/poder-perpetuo-em-questao/

93 *T. Vesting*, Staatstheorie, 2018, 162.

94 *T. Vesting*, Staatstheorie, 2018, 162.

95 *T. Vesting*, Staatstheorie, 2018, 163.

96 *T. Vesting*, Staatstheorie, 2018, 164.

97 *C. Vissmann*, Das Wissen des Staates, 2014, 185.

98 *C. Vissmann*, Das Wissen des Staates, 2014, 186.

der Regierbarkeit bestimmt.[99] Dementsprechend verbindet sich der Staat mit technischen, von globalen privaten Akteuren geschaffenen Praxen. Demnach ermöglicht die Architektur des Internets, dass in jeder Schicht neue und wichtige Akteure entstehen können, wie etwa Google, was den Begriff des Netzwerkstaats untermauert.

Ebenso wie der Künstler (z. B. ein Maler oder Fotograf) es ist, der festlegt, was sich innerhalb und außerhalb seiner Kunst befindet, oblag dem Staatsarchiv die Aufgabe, die Daten auszuwählen. Mit dem Internet ist das jedoch nicht mehr der Fall: Was digital vorhanden ist, ist archiviert und kann gefunden werden: Daher „[b]edeutet das Internet das Ende des Vergessens".[100] Im Gegensatz zu anderen Medien – Buch, Zeitung, Rundfunk und Fernsehen –, deren Kommunikationsempfänger die gleichen Informationen bekommen, wird die Information auf den Plattformen nach Individualität (benutzerdefiniert) bereitgestellt: Login-Daten, Cookies und andere Identifikationsformen passen den Inhalt der jeweiligen Person an.[101] Während die Kommunikation – den Staat eingeschlossen – früher bestimmte soziale Gruppen (Männer, Frauen, Jugendliche, Arbeitnehmer etc.),[102] die die traditionellen Medien hervorbrachten, ins Visier zu nehmen hatte, herrscht heute persönliche, aus aufwändigen Benutzereinstellungen resultierende Kommunikation vor: „Das Cookie ist die Negation des kollektiven Gedächtnisses, insofern es seine Daten nicht kollektiv, sondern individuell erhebt und auf der Basis ihrer Auswertung Information verteilt. Das Individuum determiniert dann zwar die Informationsausgabe durch sein Verhalten, tut dies aber unbewusst und nur über die Beobachtung durch den Computer."[103] Der Staat muss einen angemessenen Umgang mit der digitalen Technik der Datenverarbeitung finden, mit dem er seine Bürger bindet. Der Datenfilter ist nicht lediglich sozial, sondern geht auch auf die Programmierung der Intermediäre zurück.[104]

Aus einem Bericht der Organization for Economic Co-operation and Development (OECD) geht hervor, dass die Intermediäre Personen umfassen oder Transaktionen Dritter im Netz erleichtern, indem sie Zugang (Internet Service Provider – ISP) gewähren, hosten (hosting provider), Inhalte verfügbar machen (Suchmaschinen), Produkte und Dienstleistungen Drit-

---

99 *C. Vissmann*, Das Wissen des Staates, 2014, 187.

100 *R. Simanowski*, Facebook-Gesellschaft, 2016, 126.

101 *R. Simanowski*, Facebook-Gesellschaft, 2016, 130.

102 Siehe *T. Vesting*, Medien des Rechts: Computernetzwerke, 2015.

103 *R. Simanowski*, Facebook-Gesellschaft, 2016,131.

104 Vgl. *R. Simanowski*, Facebook-Gesellschaft, 2016, 133

ter (e-commerce und soziale Medien) übertragen und indezieren.[105] Außer der Vermittlung von Diensten erlangen diese Akteure zentrale Bedeutung für die Geltung bestimmter Grundrechte, wie etwa Meinungsfreiheit, die im Fall der Suchmaschinen drei Parteien betrifft: „1) individual internet users seeking information; 2) creators and operators of websites that are or potentially may be indexed by search engines; 3) the search engines themselves whose algorithms have been viewed by scholars and emerging jurisprudence as a kind of editorial process – albeit not as direct and deliberate as a media organization's editorial process."[106] Karl-Heinz Ladeur zufolge gilt für die Kommunikation durch Plattformen, dass sie nicht „in der Summe der einzelnen Kommunikationen aufgeht, sondern eine überschießende Leistung erbringt, die der objektiv-rechtlichen Dimension der Meinungs- und Medienfreiheit in ‚sozialen Netzwerken' zuzuordnen ist. Einstweilen kann man sich mit Anleihen an kommunikative Funktionen in der offline-world helfen, die dort bisher eher eine marginale Rolle gespielt haben". In diesem Zusammenhang spricht Ladeur von einer Art ‚Kuratierung' (B. Groys) der Meinungen durch die Intermediäre wie Google oder Facebook, die mithilfe von Algorithmen und nicht durch Personen erfolgt.[107]

Aufgrund der Zentralität können die Plattformen destruktive Effekte für die Rechtsordnungen im Netzkontext entwickeln, weil sie z. B. Reden und politische Gruppen auf willkürliche Weise unsichtbar machen können: All dies durch Programmierung. Die andere bedrohliche Seite der Intermediäre ist die Entwicklung von Oligopolen. Das gilt auch für Konzerne, die eine offene Architektur des Netzes verteidigen, wie Amazon, Facebook und Google, die in ihren Bereichen aber nach monopolistischen Formen streben, was das Netzwerk in eine Struktur mit deutlichen Spuren von Hierarchie verwandelt.[108] Die Ursachen für die Konzentration sind komplex, denn die Nachfrage neigt dazu, sich auf einen von Intermediären

---

105 Vgl. *K. Perset*, The Economic and Social Role of Internet Intermediaries, 2010, 9, abrufbar www.oecd.org/internet/ieconomy/44949023.pdf; *R. MacKinnon; E. Hickok; A. Bar; H-in Lim*, Fostering Freedom Online: The Role of Internet Intermediaries, 2014, 22, abrufbar unter http://unesdoc.unesco.org/images/0023/002311/231162e.pdf.

106 *R. MacKinnon; E. Hickok; A. Bar; H-in Lim*, Fostering Freedom Online: The Role of Internet Intermediaries, 2014, 99.

107 *K-H. Ladeur*, Die institutionelle Dimension der Grundrechte, 2017, 15.

108 Vgl. *N. Ferguson*, The Square and the Tower: Networks, Hierarchies and the Struggle for Global Power, 2017, 643-44; *T. Wu*, Impérios da Comunicação: do telefone à internet – da AT&T ao Google, 2012, 337-38.

angebotenen Mechanismus zu konzentrieren. Für die Nutzer liegt der Grund in Verwendungsgewohnheiten, der Personalisierung und vor allem der Unternehmensqualität, die sich in ermöglichten Erfahrungen, Zuverlässigkeit und Reputation ausdrückt.[109] In gewissem Maße gilt: Je besser die Personalisierung ist, desto genauer ist die Identitätsbildung durch die Plattform. Mit Blick auf die Identität verwendet White das Internetforum als Beispiel: „An Internet forum, as illustration, can flesh out this claim. There you can create an account in order to participate and use it. It's not the mere subscription but the postings that create your identity in a forum while linking you by stories to others and their comments. You don't exist in the forum as a whole person but as a user, contributing to the specific topic of the forum – e.g., football or sociology. Since you can have accounts in many forums, you can switch between them by logging out of, say, the football forum so as to log on to the sociology forum. We can see the forum as netdoms [network-domains]. The important point is that, although you log out, your identity in that forum, your account, remains, so your postings are not deleted by logout process. In this sense, your activity has left a social trace consisting of the ties to other identities in the forum. But the interaction has just switched from one netdom to another."[110]

Die horizontale Logik der Architektur des Internets macht faktische Asymmetrien nicht unmöglich.[111] Im Fall der Intermediäre können Asymmetrien durch die Möglichkeit der Mitgliedschaft für Nutzer und die Verarbeitung personenbezogener Daten erzeugt werden. Wu zufolge kann man von einem „anti-regulatorischen" Charakter sprechen, da die Macht der Mitgliedschaft dahingehend wirken könnte, die Rechtsordnungen den Plattformstandards so anzupassen, dass es das Rechtssystem weniger kostet, für die Verabschiedung eines Gesetzes sich dem politischen System mit

---

109 *T. Fahrig*, Suchmaschinen - Eine industrieökonomische Analyse der Konzentration und ihrer Ursachen, 2014, 375.

110 *H. C. White*, Identity and Control: How Social Formations Emerge, 2008, 2-3. In anderem Sinne, aber über Facebook: „Die Stärke der „schwachen" Beziehungen liegt darin, dass ihre Subjekte durch nicht mehr verbunden sind als ihr Verhältnis: Beziehung um der Beziehung willen, das interesselose Wohlgefallen am Mitteilen", in *R. Simanowski*, Facebook-Gesellschaft, 2016, 25.

111 Offensichtlich ist, dass man einige Formen der Hierarchie oder Machtkonzentration der Entscheidungen betrachten kann, aber die Logik der Horizontalität, die sich hieran anschließt, handelt von der ganzen Infrastruktur und dem Design des Internets, aber nicht von den Machtstruktur einer gleichen Schicht. Der Fokus liegt darauf, zu verstehen, wie die faktischen Asymmetrien für andere Akteure und Schichten destruktiv oder blockierend sein können.

Innovation zu zuwenden:[112] Das System der Politik und des Rechts passen sich dem technischen Standard an, der die Mitgliedschaft hervorbringt.[113] Während die nationalen Regierungen dazu neigen, ihre Souveränität über die Interessen ihrer nationalen Unterstützer zu verteidigen, sind private und selbstregulierte Akteure (was die Intermediäre einschließt) von den Mitgliedsinteressen bestimmt, ohne unbedingt extern erzeugten Effekten Beachtung zu schenken.[114]

Obwohl es eine potentiell destruktive Macht der Intermediäre gibt, ist nicht selten zu beobachten, dass die Staaten verantwortlich für die Asymmetrie sind, was dem Konzept vom Netzwerkstaat entspricht. Das folgende Beispiel handelt von der Überlappung der nordamerikanischen Rechtsnormativität mit der technischen Netzstruktur. Die Snowden-Enthüllungen ermöglichen eine bessere Sicht auf die Netzinfrastruktur. Es erweist sich, dass die NSA die Datensätze von Telefonnutzern von Verizon, Sprint und AT&T sammelte, was die umfassende Datensuche in E-Mails, Chats und Browserverlauf ohne vorherige Genehmigung ermöglichen würde. Sie drang auch in die wichtigsten Links der Kommunikation ein, die weltweit vernetzten Datenzentren von Yahoo und von Google, was die Datensammlung der Nutzerkonten ermöglichte.[115]

Die Frage betrifft die normative Quelle als Ausgangspunkt von solchen Praxen. Man kann behaupten, dass diese Praxen nach dem Fourth Amendment der Verfassung der Vereinigten Staaten verboten sind. Trotzdem beschränkt sich diese Deutung dieser Verfassungsänderung nur auf die US-Bürger. Im Fall Katz v. United States im Jahr 1967[116] hat der US-amerikanische Oberste Gerichtshof bereits darüber entschieden, dass die nordamerikanische Regierung ihre Bürger nicht mehr mit technischen Mitteln überwachen darf, weil sie dadurch Machtmissbrauch betreibt.[117] Der Oberste Gerichtshof hat diese Ansicht kontinuierlich verteidigt – wie im

112 Vgl. *T. Wu*, When the code isn't law, 2003, 671-751.

113 Vgl. *E. Brousseau; M. Marzouki; C. Méadel*, Governance, networks and digital technologies: societal, political and organizational innovations, 2012, 14.

114 *E. Brousseau; M. Marzouki; C. Méadel*, Governance, networks and digital technologies: societal, political and organizational innovations, 2012, 32.

115 PEN American Center. 12 November 2013. Chilling Effects: NSA Surveillance Drives U.S. Writers to Self-Censor. PEN American Center. www.pen.org/sites/default/files/Chilling%20Effects_ PEN%20American.pdf.

116 Abrufbar unter https://supreme.justia.com/cases/federal/us/389/347/

117 Der vorgestellte Fall in *A. Alhogbani*, Going Dark: Scratching the Surface of Government Surveillance, 2014-2015, 469-501.

Fall United States v. Brown in 1973,[118] in dem geurteilt wurde, dass die Inlandsüberwachung ohne Erlaubnis verfassungswidrig ist, aber die Auslandsüberwachung nicht. Diese Situation besteht nach wie vor, insbesondere mit der Existenz des USA PATRIOT Act, dessen section 217 den nordamerikanischen Behörden das Zugriffsrecht auf jegliche auf Computern in den USA gespeicherte Informationen vorbehält. Folglich unterliegen die globalen Unternehmen, wie Google, Apple, Amazon usw., diesem Gesetz. Außerdem ist der Foreign Intelligence and Surveillance Act mit Änderung von 2008 (FISA) in Kraft, der die Verfahren bezüglich der Suche und elektronischen Überwachung festlegt, wenn es um Spionage oder Terrorismus gegen die USA geht.[119] Dieses Gesetz ermöglicht in seiner section 1881a der amerikanischen Regierung, fremde Kommunikation zu überwachen und auf die Daten ausländischer Bürger außerhalb der USA ohne Erlaubnis zuzugreifen.[120] Somit wird deutlich, dass hier eine Überlappung der nordamerikanischen Rechtsnormativität mit anderen Rechtsordnungen und technischen Strukturen am Werk ist. Das geschieht in destruktiver Weise, denn das Vertrauen zwischen den Akteuren ist beeinträchtigt. Darüber hinaus läuft das Informationsspeichern Gefahr, Eingabe und Ausgabe der Informationen zu fragmentieren.

Angesichts der zahlreichen Bedingungen scheint es, dass die Hierarchie der staatlichen Rechtsordnungen, insbesondere von Funktionen der Gewährleistung und der Supervision (Gewährleistungs- und Supervisionsstaat) geprägt, auf ein Verhältnis im Netzwerk beschränkt ist, dessen temporaler Horizont gleichzeitig offen und geschlossen ist: offen, weil es in einer durch Risiko geprägten Gesellschaft immer schwierig ist, sich den Folgen anzupassen; und geschlossen, weil die staatlichen Interventionen schwerwiegende Konsequenzen für die innere Logik des Internets mit sich bringen können.[121] So Zumbansen: „Polyrhythmische Vernetzung scheint eine passendere Beschreibung zu sein als polyphone Harmonisierung",[122] was „nicht ein diametrales, sondern reziprokes Verhältnis der wechselseiti-

---

118 Abrufbar unter https://supreme.justia.com/cases/federal/us/411/223/

119 Vgl. *P. De Filippi*, Foreign Clouds in the European Sky: how US Laws affects the privacy of Europeans, 2013, 66.

120 Vgl. *P. De Filippi*, Foreign Clouds in the European Sky: how US Laws affects the privacy of Europeans, 2013, 67.

121 *P. Zumbansen*, Die engen Wände der Internetwelt - Autonomie und Kontrolle jenseits staatlicher Steuerung und gesellschaftlicher Eigenorganisation, 2003, 32-33.

122 *P. Zumbansen*, Die engen Wände der Internetwelt - Autonomie und Kontrolle jenseits staatlicher Steuerung und gesellschaftlicher Eigenorganisation, 2003, 33.

gen Ergänzung öffentlicher und privater Regulierung im Kontext einer vernetzten grenzüberschreitenden Zusammenarbeit staatlicher und privater Akteure" fordert.[123] Zwar scheint dieses Zitat richtig, aber es lässt sich auch die Behauptung aufstellen, dass die Asymmetrie nicht nur ein Phänomen der Konflikte und Kooperation zwischen Akteuren ist, sondern auch zwischen Rechtsnormativität und technischen Praxen. In einem technischen Netzwerk sind vor allem Rechtsnormen (deren Inhalte manchmal ethischen Inhalten ähneln, obwohl die Sanktionsformen und Urteile nähern sie Rechtsverfahren annähern) und technische Praxen vorherrschend. Hier kommt der Begriff „technische Praxen" zur Anwendung, der (die Schaffung von) Standards, technische Werte und Programmierung umfasst.

Das Modell wird nicht alle Probleme des normativen Ungleichgewichtes in der Beziehung zwischen rechtlicher Normativität und technischen Strukturen des Internets lösen, weil die (Infra-)Struktur des Internets keine Begrenzung der Verdrängung von schwachen Knoten durch starke vorsieht. Ein Land wie die USA, das auf seinem Territorium einen Großteil der globalen Netzunternehmen und Nutzer konzentriert, erhöht das Risiko der nicht-legitimierten globalen Überwachung durch seine souverän erlassene rechtliche Normativität. Obwohl sich Beispiele solcher Grenzen finden lassen, bleibt ein spezifisches Handlungsmuster, das darin besteht, dass Akteure technische und juristische Werte wechselseitig inkorporieren. Die Suche nach Gleichgewicht lässt sich auch durch Whistleblower fördern, die durch technische Mittel nicht nur Skandale auslösen, sondern auch die Notwendigkeit sichtbar machen, dass die verantwortlichen Akteure auf horizontaler Ebene die technischen Möglichkeiten regulieren. Infolgedessen ist diese Suche, falls es keine vollkommene Lösung gibt, ein erster Schritt hin zu einer neuen Gestalt der Rechtsnormativität, das heißt einer Gestalt, die die Möglichkeit eines mit der für die technische Struktur des Internets charakteristischen Faktizität verträglichen, konstruktiven Netzwerks plausibilisiert.

Man denke hier an ein bereits in der Praxis vorhandenes Modell der gegenseitigen Beobachtung, wodurch das Vertrauen zwischen Akteuren gestärkt wird, was letztlich die Komplexität dadurch erhöht, dass sie sich der Struktur im Netzwerk anpassen.[124] So Viellechner: „Weder kann ein ein-

---

123 *P. Zumbansen*, Die engen Wände der Internetwelt - Autonomie und Kontrolle jenseits staatlicher Steuerung und gesellschaftlicher Eigenorganisation, 2003, 37.

124 Über Vertrauen siehe *N. Luhmann*, Vertrauen: Ein Mechanismus der Reduktion sozialer Komplexität, 2014. 8-9.

zelner Staat ein solches Recht global wirksam vorgeben, sofern er nicht in der Lage ist, die technische Konstruktion des Internet zu beeinflussen, noch ist eine solche extraterritoriale Regulierung demokratietheoretisch akzeptabel."[125] Diese besondere Bedeutung von Beobachtung und Inkorporierung der rechtlichen und technischen Inhalte impliziert nicht nur, die Autonomie der privaten Akteure oder die Souveränität der Rechtsordnungen zu bewahren, sondern auch eine Logik zu suchen, die für die Architektur selbst nicht destruktiv ist. Es ist eine gegenseitige Beobachtung auf der Suche nach einem hybriden normativen Gleichgewicht. Dabei wird keineswegs die Notwendigkeit einer Öffnung der staatlichen Rechtsordnung in ihrer Normativität für die technischen Strukturen ausgeschlossen, aber wegen der Netzwerklogik soll der Fokus nicht ausschließlich auf der Porosität des staatlichen Rechts liegen, sondern auch darauf, wie der technischen Struktur eine gewisse Porosität in der Inkorporierung der Rechtsnormativität durch die Intermediäre (etwa Facebook) und ihre Algorithmen abverlangt werden kann. Schließlich kann man feststellen, dass die Architektur nicht nur neue Bedeutungen für die Staatlichkeit schafft, sondern auch die Entstehung neuer Normativitäten ermöglicht, die durch Programme wiederum die Herausbildung neuer Verortungen mit Gemeinschaften und deren eigenen Regeln begünstigen.

125 *L. Viellechner*, Transationalisierung des Rechts, 2013, 120.

2. Kapitel: Der staatliche Druck zur Inkorporierung der Rechtsnormativität

Wie im ersten Kapitel gezeigt, ist zwischen staatlichen Akteuren und Netzwerkintermediären eine deutliche Asymmetrie erkennbar, obwohl innerhalb der Netzarchitektur ein Anspruch auf Horizontalität besteht. Das bedeutet, dass, obwohl die Internetarchitektur eine durch horizontale Beziehungen zwischen Akteuren (Staat und privaten Akteuren) gekennzeichnete Logik aufweist, faktisch asymmetrische Beziehungen zwischen ihnen zu beobachten sind. Um destruktive Potentiale für alle Netzakteure zu vermeiden, scheint eine Erörterung darüber angezeigt, wie sich die normative Praxis zwischen Rechtsnormen und technischen Praxen gestaltet, d. h. wie die Rechtsnormen den Ablauf der Programmierung der Intermediären beeinflussen und darin integriert werden. Dementsprechend stellt das vorliegende Kapitel die staatlichen Formen der Druckausübung auf die Intermediären mit dem Ziel einer Änderung der technischen Logik anhand von drei Rechtsfällen dar. Die Druckmittel staatlicher Rechtsordnungen entsprechen den benutzten Instrumenten bei verschiedenen Institutionen auf staatlicher Ebene: Die Entscheidungen von Gerichten und Gesetzgebern auf nationaler, internationaler und europäischer Ebene entfalten trotz ihrer Ortverbundenheit globale Wirkungen. (1). Aber selbst wenn man in Rechnung stellt, dass Staaten über ein Repertoire von Druckmitteln zur Verhaltensänderung der Intermediären verfügen, benötigen sie auch die Inkorporierung der technischen Logik in ihre normativen Strukturen, und zwar nicht nur, um interne Nebenwirkungen zu verhindern, sondern auch um Auswirkungen in der ganzen technischen Struktur des Netzes zu vermeiden (2). Schließlich ist es nicht lediglich auf den Druck staatlicher Rechtsordnungen zurückzuführen, dass Intermediäre Änderungen bei ihrer Programmierung vornehmen: Schon aus ihrer eigenen Beobachtung der Rechtsnormativität erwächst ein Selbstbeschränkungsdruck (3). Das folgende Kapitel folgt der zentralen Idee, dass technische Akteure (Intermediäre) über eigene, über die staatlichen Druckformen hinaus vorhandene Instrumente zur Inkorporierung juristischer Werte verfügen.

1 Drei Beispiele: LICRA v. Yahoo!; die Blockierung von WhatsApp in Brasilien; und Google Spain SL und Google Inc. v. Agencia Española de Protección de Datos (AEPD) und Mario Costeja González

Die Debatte über die Leistungs- und Kontrollgrenzen bei Intermediären[126] ist in der akademischen Welt nicht neu, insbesondere wenn die Meinungsfreiheit der Nutzer betroffen ist. Trotzdem spielen die Interessen der Netzwerkintermediäre heute eine größere Rolle als am Anfang dieses Jahrhunderts. Die Rolle dieser wichtigen Netzakteure beschränkt sich nicht auf ihre Betriebnahme von Chats. Neben der Koordination der Problemlösungen, die normalerweise durch Staaten bzw. innerhalb von Staaten gelöst wurden, erhielten und nutzten sie gewerblich und jenseits eines einzelnen Ortes einen umfassenden Online-Datenbestand von Nutzern. Wegen der territorialen Begrenzung greifen die staatlichen Rechtsordnungen zu Sanktionen, um das Handeln der Intermediäre hinsichtlich ihrer Programmierung zu verändern. Bevor wir zum Thema der Selektivität der Programmierung aufgrund des Selbstbeschränkungsdruckes kommen, werden wir untersuchen, wie die staatlichen Rechtsordnungen die Einfügung der rechtsnormativen Inhalte in die technische Logik des intermediären Handelns vornehmen.

Zur Durchsetzung ihrer Entscheidungen gehen staatliche Rechtsordnungen mit Geldstrafen und Access-Blocking gegen Netzakteure vor. Zur Sperrungspraxis lassen sich einige Beispiele erwähnen: Eine *Kommunikationssperre* etwa zeichnet sich durch die Unmöglichkeit jeglichen Kommunikationsflusses aus, sodass jede Computerkommunikation ausgeschlossen wird und alle unerwünschten Inhalte dekodiert werden. Dadurch erhält niemand Zugang zu den Kommunikationsdienstleistungen.[127] Es gibt weiterhin die *Sperrung der IP-Adresse*, was zwar den Zugriff auf Web-Inhalte verhindert, aber auch die Gefahr mit sich bringt, dass auch der Webserver blockiert werden kann.[128] Im Zuge einer *DNS-Sperre* kann man die Namensumwandlung durch das Domain Name System (DNS) manipulieren,

126 Vgl. *K.-H. Ladeur*, Ausschluss von Teilnehmern an Diskussionsforen im Internet Absicherung von Kommunikationsfreiheit durch „netzwerk-gerechtes" Privatrecht, 2003; *P. Zumbansen*, Die engen Wände der Internetwelt - Autonomie und Kontrolle jenseits staatlicher Steuerung und gesellschaftlicher Eigenorganisation, 2003.

127 *H. Greve*, Access-Blocking – Grenzen staatlicher Gefahrenabwehr im Internet, 2012, 122.

128 *H. Greve*, Access-Blocking – Grenzen staatlicher Gefahrenabwehr im Internet, 2012, 124.

sodass der Zugriff auf eine bestimmte Website verunmöglich wird. Diese Methode sperrt den Zugriff auf die Website als Ganzes (youtube.com) und kann ebenso andere konfigurierte Dienste im jeweiligen Domain-Service betreffen, wie z. B. die E-Mail-Benutzer.[129] Schließlich kann man eine Sperrung durch den Einsatz von *Proxy-Servern* vornehmen, die auf einen Netzknoten wirken, in dem die Intermediäre oder der Sender sich zwischen Server und Kunden befinden. Das ist eine Software- oder Hardwarekomponente des Systems, die den Datenfluss zwischen Sender und Empfänger unterbricht, ihn auf Regeln und Programmierbefehl hin überprüft und die Datenpakete weiterleitet oder verwirft.[130] Obwohl diese Blockierung der Inhalte flexibel und selektiv ist, setzt sie hohe Infrastrukturkosten voraus und kann Decodierungsansätze nicht verhindern, die Anonymität herzustellen beabsichtigen und die den Zugriff auf den verbotenen Inhalt erleichtern.[131]

Mit Ausnahme des Whatsapp-Falls in Brasilien zeigen die vorliegenden Fälle, dass eher Geldstrafen als Blockierungen benutzt werden, um die Bestimmungen der jeweiligen Rechtsordnungen einzuhalten. Tatsächlich betreffen Geldstrafen weniger Nutzer als die Blockierung. Die Sperre ist bekanntlich das drastischste und umfassendste Druckmittel, das in Brasilien zur Anwendung kam.

1.1 LICRA v. Yahoo!

Das kalifornische Unternehmen Yahoo! bietet zahlreiche Online-Services an, darunter einen Online-Suchservice. Die Internetbenutzer können Webseiten politischer und sozialer Ausrichtung erstellen, deren Inhalte sich nicht überwachen lassen, bevor sie gepostet werden. Dadurch werden in Foren geäußerte Hasstiraden möglich, die auch nationalsozialistisches Gedankengut enthalten können.[132] Da Yahoo! eine Website ist, die unter verschiedenen domains (yahoo.com, .br, .fr etc.) verfügbar und auf globaler

129 *H. Greve*, Access-Blocking – Grenzen staatlicher Gefahrenabwehr im Internet, 125-129.

130 *H. Greve*, Access-Blocking – Grenzen staatlicher Gefahrenabwehr im Internet, 130.

131 *H. Greve*, Access-Blocking – Grenzen staatlicher Gefahrenabwehr im Internet,131.

132 Vgl. *A. M. Pickett*, Much Yahoo about Nothing: The Ninth Circuit, Jurisprudential Schizophrenia, and the Road Not Taken in Yahoo v. La Ligue Contre le Racisme et l'Antisemitisme, 2006, 231.

Ebene tätig ist, kam es in der Vergangenheit zu Konflikten zwischen Rechtsnormen aus unterschiedlichen staatlichen Rechtsordnungen. In dem vorliegenden Fall wurden in Frankreich die öffentliche Nutzung von Erinnerungsstücken an Nationalsozialisten und die Holocaustleugnung verboten, während jedwede Inhaltserstellung in den USA durch den ersten Zusatzartikel der Verfassung, das First Amendment, geschützt ist.[133] Den Ausgangspunkt des Falles bilden die verschiedenen gerichtlichen Entscheidungen in Frankreich und den USA.[134]

Im April 2000 erhoben La Ligue Contre le Racisme et l'Antisémitisme (LICRA) und l'Union des Étudiants Juifs Français (UEJF) vor dem Tribunal de Grande Instance de Paris eine Klage gegen das Mutterunternehmen Yahoo! und das Tochterunternehmen mit Sitz in Frankreich und Niederlassung in Frankreich, weil sie Websites mit Erinnerungsstücken an die NS-Zeit für Franzosen zur Verfügung stellten.[135] Im Mai verlangte das französische Gericht, dass Yahoo! angemessene Maßnahmen ergreift, um

---

133 Vgl. *A. M. Pickett*, Much Yahoo about Nothing: The Ninth Circuit, Jurisprudential Schizophrenia, and the Road Not Taken in Yahoo v. La Ligue Contre le Racisme et l'Antisemitisme, 2006, 231; *H. Greve*, Access-Blocking - Grenzen staatlicher Gefahrenabwehr im Internet, 2012, 166.

134 Die untersuchten Fälle sind: Tribunal de Grande Instance de Paris Ordonnance, de référé 22 Mais et 20 novembre 2000, UEJF et Licra c/ Yahoo! Inc. (abrufbar unter http://lthoumyre.chez.com/txt/jurisfr/cti/tgiparis20001120.htm); Yahoo!, Inc. v. La Ligue Contre Le Racisme, 169 F. Supp. 2d 1181 (N.D. Cal. 2001) (abrufbar unter https://law.justia.com/cases/federal/district-courts/FSupp2/169/1181/2423974/); Yahoo Inc. v. La Ligue Contre le Racisme et l'Antisémitisme, 379 F.3d 1120 (9th Cir. 2004) (abrufbar unter https://openjurist.org/379/f3d/1120/yahoo-inc-v-la-ligue-contre-le-racisme-et-lantisemitisme); und Yahoo Inc. v. La Ligue Contre le Racisme et l'Antisémitisme, 433 F3d 1199 (9th Cir. 2006) (abrufbar unter https://openjurist.org/433/f3d/1199/yahoo-inc-v-la-ligue-contre-le-racisme-et-lantisemitisme). Für einen umfassenden Überblick siehe: *A. M. Pickett*, Much Yahoo about Nothing: The Ninth Circuit, Jurisprudential Schizophrenia, and the Road Not Taken in Yahoo v. La Ligue Contre le Racisme et l'Antisemitisme, 2006; *H. Greve*, Access-Blocking - Grenzen staatlicher Gefahrenabwehr im Internet, 2012, 165-178; *G. Wrenin*, Yahoo v. LICRA, 2006; *A. Kelly*, Yahoo! Inc. v. La Ligue Contre le Racisme et l' Antisemitisme, 2004; *M. Chivvis*, Reexamining the Yahoo - Litigations: Toward an Effects Test for Determining International Cyberspace Jurisdiction, 2007; *E. A. Okoniewski*, Yahoo, Inc. v. LICRA: The French Challenge to Free Expression on the Internet, 2002; *M. H. Greenberg*, A Return to Lilliput: The LICRA v. Yahoo - Case and the Regulation of Online Content in the World Market, 2003.

135 *A. M. Pickett*, Much Yahoo about Nothing: The Ninth Circuit, Jurisprudential Schizophrenia, and the Road Not Taken in Yahoo v. La Ligue Contre le Racisme et l'Antisemitisme, 2006, 231.

den Zugriff auf jegliches Material und/oder Handeln mit positivem Bezug zu Nazismus oder Antisemitismus in Frankreich zu verhindern. Vor der Vollstreckung der Entscheidung musste der Sachverständige überprüfen, ob diese Maßnahmen möglich wären. Nach dem Spezialisten gab es mithilfe von Filterung und Website-Blockade – die nicht in Frankreich gehostet wäre – eine hohe Erfolgswahrscheinlichkeit bei der Zugangssperre der französischen Netzbenutzer, was etwa 90 % erreicht.[136] Im November 2000 wurde im Zuge einer anderen Anordnung die Umsetzung der ersten Entscheidung in spätestens drei Monaten verlangt. Andernfalls müsste Yahoo! 100.000 Franc pro Tag bezahlen. Dem Gericht zufolge beging Yahoo! – wenn auch nicht vorsätzlich – einen Gesetzesverstoß in Frankreich, weshalb ein französisches Gericht zuständig war, und zwar solange Franzosen Zugang zur Darstellung und Verehrung für Nazi-Devotionalien haben könnten.[137] Schließlich stellte das Gericht fest, dass das Tochterunternehmen im Großen und Ganzen die Maßnahmen angemessen implementierte.[138]

Im Dezember 2000 ersuchte Yahoo den U.S. District Court for Northern District of California durch Feststellungsklage um das Statement, dass die Entscheidung des französischen Gerichts nicht in den USA vollstreckbar wäre. Das amerikanische Gericht erklärte sich jedoch zuständig für den Fall personenbezogenen Gerichtsstandes von LICRA und UEJF.[139] Dem Gericht zufolge wurde bewiesen, dass eine mögliche Vollstreckung der französischen Sicherungsmaßnahmen gegen die First-Amendment-Rechte von Yahoo! verstößt.[140]

LICRA und UEJF setzten gegen die Entscheidung des District Court beim U.S. Court of Appeal for the Ninth Circuit Rechtsmittel ein. Der

136 Vgl. *H. Greve*, Access-Blocking - Grenzen staatlicher Gefahrenabwehr im Internet, 2012, 166.

137 https://law.justia.com/cases/federal/district-courts/FSupp2/169/1181/2423974 (in Abstention); *H. Greve*, Access-Blocking - Grenzen staatlicher Gefahrenabwehr im Internet, 2012, p. 167.

138 Vgl. *A. M. Pickett*, Much Yahoo about Nothing: The Ninth Circuit, Jurisprudential Schizophrenia, and the Road Not Taken in Yahoo v. La Ligue Contre le Racisme et l'Antisemitisme, 2006, 231-32

139 Vgl. *A. M. Pickett*, Much Yahoo about Nothing: The Ninth Circuit, Jurisprudential Schizophrenia, and the Road Not Taken in Yahoo v. La Ligue Contre le Racisme et l'Antisemitisme, 2006, 231-32. *H. Greve*, Access-Blocking - Grenzen staatlicher Gefahrenabwehr im Internet, 2012, 166-167.

140 Die Entscheidung ist abrufbar unter https://law.justia.com/cases/federal/district-courts/FSupp2/169/1181/2423974/ (in Conclusion); *H. Greve*, Access-Blocking - Grenzen staatlicher Gefahrenabwehr im Internet, 2012, 169.

Court of Appeal nahm den Gerichtsstand in Frankreich und den möglichen „wrong effect" in den USA zur Kenntnis, d. h., er erkannte in der Urteilsvollstreckung keinen Verstoß gegen das First Amendment. Das Verhalten war nicht verboten (wrongful conduct), weil LICRA und UEJF die französische Ordnung einhielten. Dementsprechend übte der District Court den personenbezogenen Gerichtsstand von LICRA und UEJF nicht richtig aus. Der District Court sei weder ein angemessener allgemeiner Gerichtsstand (general jurisdiction), weil es in California keinen staatlichen Gerichtsstand für französische Schriftsätze gibt, noch in der Lage, einen spezifischen Gerichtsstand zu haben (specific jurisdiction).[141]

Der Court of Appeal fokussierte mehr auf den Gerichtsstand, weil er sich nicht in der Lage sah, die französischen Entscheidungen, die unter der französischen Rechtsordnung standen, zu prüfen. Dennoch entschied das Gericht zweiter Instanz, dass es einen personenbezogenen Gerichtsstand des Gerichts erster Instanz gab, insbesondere weil sich die Server von yahoo.com in Kalifornien befanden.[142] Deswegen ist es verständlich, dass sich viele Aufsätze den Themen Zuständigkeitskonflikt und transterritoriale Auswirkungen von Rechtsentscheidungen widmen.[143] Trotzdem wird selten näher beleuchtet, wie die Rechtsnormen die Programmierung der Intermediäre einschränken. Zwar behauptet Yahoo!, dass es sich an französische Rechtsnormen anpasst, insbesondere als es durch ein Überwachungsprogramm, das das Verfolgen einer Reihe illegaler Inhalte ermöglicht, das Verbot der Auktion von Nazi- oder Klu-Klux-Klan-Fanartikeln ankündigte.[144] Das zeigt aber nicht das ganze Bild: Die Inkorporierung der Rechtsinhalte auf dem Wege der Programmierung bildet eine Grundlage für die Handhabung der Problematik durch Intermediäre (wie z. B. bei Google und seinem Kampf gegen Hate speech),[145] die lokale juristische Probleme antizipieren, ohne dafür notwendigerweise eine normative Auslegung des Gesetzes vorzunehmen, sondern durch eine externe Betrach-

141 Die Entscheidung ist abrufbar unter https://openjurist.org/379/f3d/1120/yahoo-inc-v-la-ligue-contre-le-racisme-et-lantisemitisme (Abs. 13) *H. Greve*, Access-Blocking - Grenzen staatlicher Gefahrenabwehr im Internet, 2012, 169-170.

142 Die Entscheidung ist abrufbar unter https://openjurist.org/379/f3d/1120/yahoo-inc-v-la-ligue-contre-le-racisme-et-lantisemitisme (Abs. 17).

143 Dazu siehe *U. Kohl*, Jurisdiction and the Internet – Regulatory Competence of Online Activity, 2007, 201ff.

144 Dazu siehe https://www.theguardian.com/technology/2001/jan/04/internetnews.media

145 Dazu siehe https://www.google.com/search/howsearchworks/mission/open-web/

tung des Rechts aus der Perspektive einer technischen Praxis mit globalen Auswirkungen.

1.2 WhatsApp-Fall in Brasilien

In Brasilien ist die Blockierung von Online-Diensten von Intermediären nichts Neues. In einem bekannten Fall erhoben die Fernsehmoderatorin Daniela Cicarelli und ihr Lebenspartner Renato Malzoni Filho im Jahr 2006 Klage gegen Youtube Inc., Grupo Globo (brasilianisches Medienkonglomerat) und Internet Group (IG). Darüber hinaus verlangten sie die Entfernung eines intimen Videos und machten Anspruch auf Schadensersatz geltend. Der Fall wurde durch einen Richter der 23. Vara Cível de São Paulo beurteilt, der anordnete, dass der Prozess in Untersuchungsgeheimnis laufen sollte. Obwohl das Gericht erster Instanz den Antrag auf Entfernung des Videos von den Websites abgelehnt hatte, verlangte das Gericht zweiter Instanz in gerichtlicher Überprüfung die Entfernung, andernfalls würden die Parteien mit einer Geldstrafe von je 250.000 Reais pro Tag belegt. Es war nicht einfach, die Videos zu entfernen, weil YouTube lediglich eine Plattform war, auf die die Benutzer Dateien hochladen, sodass Kontrolle damals nicht möglich war. Folglich forderte das Gericht die Sperrung der IP-Adresse von YouTube wegen Nichtbefolgung der Entscheidung. Die Entscheidung verlangte, die Sperrung über die Backbones vorzunehmen – die Verantwortlichen für die Datenübertragung zwischen Städten oder außerhalb des Landes. Millionen von brasilianischen Internetnutzern verloren den Zugang zu der größten Video-Website im Internet. Infolge der nachteiligen Auswirkungen und unter dem Druck der Medien forderte das Gericht zweiter Instanz die Wiederherstellung des Website-Zugangs. Außerdem behauptete es, dass die Schwierigkeit, mit einer solchen Situation umzugehen auf die Neuartigkeit des Falles und die fehlenden Maßnahmen, die Verantwortlichen zu identifizieren und zivilrechtlich haftbar zu machen, zurückzuführen war.[146]

Die Entscheidung wurde im Jahr 2007 getroffen – sieben Jahre vor dem „Marco Civil da Internet" (der Internetverfassung, die die Grundsätze, Ga-

146 Der beschriebene Fall basiert auf den Daten in, *C. A. P. de Souza*; *P. P. Moniz*; *S. B. Vieira Junior*, Neutralidade da rede, filtragem de conteúdo e interesse público: reflexões sobre o bloqueio do site Youtube no Brasil. Abrufbar unter http://bibliotecadigital.fgv.br/dspace/bitstream/handle/10438/2795/Neutralidade_da_Rede_Filtragem_de_Conteudo_e_Interesse_Publico.pdf?sequence=1.

rantien, Rechte und Pflichten bezüglich der Nutzung des Internets in Brasilien festlegte). Der Fall verdeutlicht, dass ein Gericht eines Landes auch verantwortlich dafür ist, destruktive Auswirkungen seiner Entscheidungen auf die technische Struktur zu vermeiden. Die Geltung einer Rechtsordnung in einem Gesamtzusammenhang wie einer technischen Struktur muss gewährleistet werden, ohne dass Unbeteiligte in Mitleidenschaft gezogen werden.

Mehr Aufmerksamkeit erregte der Fall der Dienstleistung von Whatsapp Inc. im Mandado de Segurança Nr. 2271462-77.2015.8.26.0000 an der 11. Câmara de Direito Criminal de São Paulo, die gegen den Richter der 1. Vara Criminal da Comarca de São Bernardo do Campo (erste Instanz) eingereicht wurde.[147] Der genannte Richter traf die Anordnung der zeitweiligen Aussetzung der Services von Whatsapp, weil der Messenger-Dienst nicht die vom Staatsanwalt verlangten Informationen über drei des Drogenhandels verdächtigte Personen herausgab. Facebook Inc. – Rechteinhaber des Instant-Messaging-Diensts von Whatsapp – argumentierte, dass es unmöglich gewesen sei, der Anordnung, Daten abzufangen, nachzukommen. Nach der Nichteinhaltung hatte die Justiz eine Geldbuße gegen das Unternehmen zwecks der Befolgung der Anordnung verhängt. Ohne noch die Anordnung zu befolgen, ordnete der Richter der 1. Vara Criminal da Comarca de São Bernardo do Campo dann die zeitweilige Aussetzung der Services von Whatsapp für 48 Stunden an. Das Unternehmen behauptete, dass diese gerichtliche Maßnahme illegal und unhaltbar gewesen sei. Als Gründe wurden genannt: Millionen Benutzer seien an der Nutzung gehindert worden; es habe keine Vorladung für das Nachkommen der gerichtlichen Anordnung gegeben; und das Vorgehen habe den Marco Civil da Internet verletzt. Darüber hinaus behauptete das Unternehmen, dass diese Anordnung über brasilianisches Staatsgebiet hinausginge, da jemand in einem Drittland nicht mit jemandem in Brasilien habe kommunizieren können. Der den Mandado de Segurança in der zweiten Instanz prüfende Richter stellte fest, dass es keine Angemessenheit der Maßnahme gab, da sie die Situation anderer Benutzer beeinträchtigte. Zudem könnte eine eventuelle Erhöhung der Geldstrafe eher dazu zwingen, dass die ursprüngliche Maßnahme durchgesetzt wird. Damit forderte der Richter im Dezember 2017, dass die zeitweilige Aussetzung der Services bis zum letztgül-

147 Die Entscheidung ist abrufbar unter http://politica.estadao.com.br/blogs/fausto-macedo/wp-content/uploads/sites/41/2015/12/MS-2271462.pdf

tigen Urteil über diesen Mandado de Segurança widerrufen werden sollte.[148]

1.3 Die Sperrung von Whatsapp: eine noch problematischere Lösung

Selbst beim Marco Civil da Internet (Gesetz Nr. 12.965/14)[149] kann man feststellen, dass die Unkenntnis der Funktionsweise des Internets noch weit verbreitet ist. Außerdem ignoriert man die Verflechtung zwischen technischer und verfassungsrechtlicher Dynamik im Netz: Die eine schützt die andere. Falls eine Blockierung vorgenommen wird, werden die Verfassungsgrundsätze, wie z. B. Meinungsfreiheit, beeinträchtigt. Artikel 22 des Marco Civil besagt: „Mit dem Zweck, Anhaltspunkte und Beweise für das Gerichtsverfahren im zivilrechtlichen oder strafrechtlichen Bereich zu sammeln, kann die interessierte Partei bei dem Richter beantragen, dass er demjenigen, der für die Datenspeicherung verantwortlich ist, aufträgt, die Aufzeichnungen über die Verbindungen und Zugänge zu Internetapplikationen zu veröffentlichen." Der Absatz desselben Artikels lautet wie folgt: „Unbeschadet anderer gesetzlicher Bestimmungen sollte die gerichtliche Anordnung folgendes enthalten, unter Androhung der Unzulässigkeit: 1. grundlegende Beweise des Vergehens; 2. eine begründete Rechtfertigung für die Relevanz der angeordneten Aufzeichnungen für die Ermittlung oder für die Beweisaufnahme und 3. den genauen Zeitraum, auf den sich die Aufzeichnungen beziehen." Wegen Verschlüsselung war die Veröffentlichung der Daten im Einvernehmen mit der ersuchenden Partei nicht machbar. An dieser Stelle sei erwähnt, dass Rechtsnormen und technische Akteure in ihrem Streben nach Angemessenheit nicht selten aufeinander Druck ausüben.[150] Trotzdem sollte man nicht unkritisch technische Pra-

---

148 Für weitere Details siehe Mandado de Segurança Nr. 2271462-77.2015.8.26.0000 – abrufbar unter http://s.conjur.com.br/dl/tj-sp-suspende-bloqueio-whatsapp.pdf.

149 Abrufbar unter https://www.uni-muenster.de/Jura.tkr/oer/files/pdf/MarcoCivilDaInternetDeutsche%C3 %9CbersetzungITM.pdf.

150 Es ist möglich, die Resistenzformen der technischen Bestände angesichts der globalen Effekte der Rechtsnormativität zu verstehen. Ein exemplarischer Fall war der Protest stärkerer Netzintermediären gegen die Gesetzesvorlagen „Stop Online Piracy Act" (SOPA) und „Preventing Real Online Threats to Economic Creativity and Theft of Intelectual Property Act" (PIPA), die eine Bekämpfung von Piraterie durch die Forderung der Blockierung der Webseiten, die den Zugang der Produktpiraterie auf Webseiten erleichtern, oder die Dienstbefreiung von direkten Überweisungen vorhatten. Mit dem Argument, dass es eine Ein-

xen in der Rechtsordnung verankern, weil die technische Kontrolle der Zielrichtung einer Rechtsordnung zuwiderlaufen kann.

Im Verlauf des Verfahrens wurde eine Anhörung beim Supremo Tribunal Federal (dem Obersten Bundesgericht Brasiliens) beantragt, das häufig Fälle von Sperrungen von Diensten prüft. Ziel war es, die technischen Einschränkungen und die Ausrichtung der Rechtnormen in solchen Fällen zu verstehen. Die Debatte konzentrierte sich auf den Artikel 12, III und IV des Marco Civil, der besagt: „Ohne ein Urteil aus anderen zivilrechtlichen, strafrechtlichen oder verwaltungsrechtlichen Sanktionen vorwegzunehmen, sollen die folgenden Sanktionen im Einzelfall für eine Verletzung der Artikel 10 und 11 [befasst mit Fragen des *„Sammelns, Aufbewahrens, Speicherns und der Verarbeitung von persönlichen Daten oder Kommunikationsdaten von Internetanbietern oder Applikationsanbietern*“] einzeln oder kumulativ verhängt werden: III - eine temporäre Aussetzung der Aktivitäten, die in Artikel 11 beschrieben sind; oder IV - ein Verbot der Aktivitäten, die in Artikel 11 beschrieben sind.“ Es wurde geltend gemacht, dass die WhatsApp-Sperre verfassungswidrig war, weil sie gegen das Grundrecht auf Kommunikationsfreiheit (Artikel 5, IX, CF [Bundesverfassung]) verstieß. Die Anhörung konzentrierte sich sowohl auf Rechtsfragen als auch technische Aspekte, insbesondere den Ende-zu-Ende-Grundsatz, der gewährleistet, dass das Entschlüsseln von Inhalten lediglich beim Kommunikationspartner (Endpunkte) geschehen kann. Um die in der Anhörung vorgebrachten Pro- und Contra-Argumente besser zu verstehen, bietet es sich an, drei verschiedene von Ligouri Filho verwendete Aspekte heranzuziehen: den „Rechtsstandpunkt“; die „technische Möglichkeit der Bereitstellung von Informationen“; und die „Folge der Umsetzung des außergewöhnlichen Zugriffs in verschlüsselten Systemen zum Zwecke der polizeilichen Untersuchung“.[151]

Vom Rechtsstandpunkt verteidigten die Staatsanwaltschaft und die Bundespolizei einerseits, dass die Blockierung rechtmäßig war, denn es gab

---

schränkung der Meinungsfreiheit gäbe, zeigten wichtigen Netzakteure (wie Google und Wikipedia) ihre Unzufriedenheit. Deswegen protestierten sie und andere Akteure die mit der Drohung von Blackouts. Infolgedessen verloren PIPA und SOPA die Unterstützung von Interessierten, was das Potenzial der Genehmigung der Gesetzesvorlage beeinflusste. Dazu siehe: *L. Denardis*, The Global War for Internet Governance, 2014, 2-6.

151 Für weitere Informationen vgl. *C. A. Liguori Filho*, „O zap e a toga: Mapeamento do debate sobre bloqueio de aplicativos e criptografia no STF“. In: https://www.jota.info/opiniao-e-analise/colunas/agenda-da-privacidade-e-da-protecao-de-dados/o-zap-e-a-toga-15062017

eine gesetzliche Regelung im Marco Civil zur Übermittlung von Informationen im Falle von strafrechtlichen Ermittlungen. Andererseits gestattet Artikel 12 – nach Stellungnahme des Instituto de Tecnologia e Sociedade do Rio (IST) in seiner Rolle als *amicus curiae* – nicht die Sperrung eines Dienstes, und die Sanktionen seien nur anwendbar, wenn die Pflichten der Artikel 10 und 11 (Schutz der Privatsphäre, des privaten Lebens, der Ehre und des Ansehens der direkt oder indirekt involvierten Parteien) verletzt worden seien. Außerdem sei die Blockierung bei einem Richter der ersten Instanz unverhältnismäßig, da hiervon 100 Millionen Brasilianer betroffen seien.

In Bezug auf die Bereitstellung von beantragten technischen Informationen behauptete das Unternehmen, dass es die Nutzungsdaten nicht speichert und dass es, selbst wenn es verpflichtet wäre, sie zu speichern, keinen Zugriff auf die Inhalte der Kommunikation hätte: Die Daten sind Ende-zu-Ende verschlüsselt. Vor diesem Hintergrund brachten das Ministério Público Federal (MPF), die Polícia Federal (PF), die brasilianische Rechtsanwaltskammer und die Associação dos Magistrados Brasileiros (brasilianische Richtervereinigung) das Argument vor, dass der WhatsApp-Betreiber sein Programmiersystem ändern müsste, um Mechanismen des außergewöhnlichen Zugriffes (Backdoors – auch Trapdoor oder Hintertür) einzuschließen. Damit könnten die Behörden Zugriff auf die Inhalte haben. Falls dies ermöglicht wird, müsste eruiert werden, ob ein krimineller Zugriff auf die Informationen denkbar wäre. Dennoch gingen MPF und PF davon aus, dass Backdoors im Rahmen der Möglichkeiten liegen, hatte es sie doch schon vorher in der Programmierungsstruktur gegeben. Infolgedessen lässt sich dies auf sichere Weise von den App-Entwicklern kontrollieren.

Die Fälle bezüglich der Herausgabe von Daten wurden noch nicht rechtskräftig entschieden, aber es werden gegen Unternehmen wie Facebook noch hohe Geldbußen verhängt. Obwohl sich die brasilianische Rechtsordnung technischen Aspekten gegenüber aufgeschlossen zeigte, fehlt die Geduld für die Konsolidierung der technischen Praxen. Geldbußen und Sperren stellen kein illegitimes Handeln dar, aber im brasilianischen Fall erscheinen sie unangemessen, weil Innovationskraft ausgeschlossen wird, die durch in die Rechtsordnung integrierte technische Werte ermöglicht werden kann. Darüber hinaus kann sich die Normanwendung ohne die Berücksichtigung der Folgen im Netz destruktiv auf die nicht in das Gerichtsverfahren involvierten Netzbenutzer auswirken.

1.4 Google Spain SL und Google Inc. v. Agencia Española de Protección de Datos (AEPD) und Mario Costeja González

Als der Fall C-131/12 beurteilt wurde, entschied der Gerichtshof der Europäischen Union über das von der Audiencia Nacional de España (mit Zuständigkeit für ganz Spanien) gestellte Vorabentscheidungsersuch. Bei Eingabe des Namens des spanischen Staatsbürgers Mario González in die Suchmaschine des Google-Konzerns wurden den Internetnutzern Links der Tageszeitung La Vanguardia vom 19. Januar bzw. 9. März 1998 angezeigt, die die Nennung seines Namens und Informationen zur Versteigerung eines Grundstücks im Zusammenhang mit einer wegen Forderungen der Sozialversicherung erfolgten Pfändung enthielten.[152]

Folglich erhob Herr Costeja González am 5. März 2010 bei der Agencia Española de Protección de Datos (AEPD) gegen La Vanguardia Ediciones SL (Herausgeberin), Google Spanien und Google Inc. Beschwerde, in der er die Löschung oder Änderung der genannten Seiten beantragte, sodass seine Daten auf der Website nicht länger zu finden sind. Er beantragte auch, dass Google Spain und Google Inc. seine personenbezogenen Daten verbergen oder löschen sollten, um keine Suchergebnisse und keine Links zu La Vanguardia anzuzeigen .[153]

Die AEPD wies darauf hin, dass die gegen La Vanguardia gerichtete Beschwerde abgelehnt wurde, weil die Veröffentlichung dieser Informationen durch diese Gesellschaft rechtlich einwandfrei war. Der Beschwerde gegen Google Spain und Google Inc. hingegen wurde stattgegeben. Auf der Grundlage der Verantwortung bei der Datenverarbeitung fungierten die Suchmaschinenbetreiber als Mittler der Informationsgesellschaft. Infolgedessen unterlägen sie den Gesetzen zum Datenschutz. Dagegen erhoben beide Unternehmen bei Audiencia Nacional zwei Klagen. Wegen der Richtlinie 95/46 im Kontext solcher Technologien warf Audiencia Nacional einige Vorlagefragen auf, die sich auf den Anwendungsbereich der Richtlinie beziehen, worüber der Europäische Gerichtshof entscheiden müsse.[154]

Angesichts dieser Situation stellte der Europäische Gerichtshof fest, dass die Suchmaschinenbetreiber Informationen veröffentlichten, die durch ein Indexierprogramm ausgelesen, gespeichert, organisiert, aufbewahrt und in

---

152 EuGH, Urteil vom 13.5.2014, Az. C-131/11, Rn. 14 abrufbar unter http://curia.europa.eu/juris/document/document.jsf?docid=152065&doclang=DE

153 EuGH, Urteil vom 13.5.2014, Az. C-131/11, Rn. 15.

154 EuGH, Urteil vom 13.5.2014, Az. C-131/11, Rn. 16-19.

Form von Ergebnislisten weitergegeben werden, sodass sie im Netz zur Verfügung standen. Deswegen seien die Suchmaschinenbetreiber verantwortlich für die Verarbeitung personenbezogener Daten.[155] Selbst wenn die Informationen unverändert seien, bedeute das nicht, dass der Suchmaschinenbetreiber keine Zwecke und Mittel der Verarbeitung personenbezogener Daten habe, die nicht mit den Zwecken und Mitteln des Betreibers der Website zu verwechseln seien.[156] Die Tätigkeiten der Suchmaschine können mithin Grundrechte wie den Schutz des Privatlebens und den Schutz personenbezogener Daten beeinträchtigen.[157]

Das Gericht stellte weiterhin fest, dass die Verantwortung der Verarbeitung personenbezogener Daten an das Hoheitsgebiet eines Mitgliedsstaates (Spanien) geknüpft ist, und zwar selbst wenn die Verarbeitung außerhalb eines Mitgliedstaates geschehen kann (bei Google Inc. beispielsweise in den USA, ohne dass Google Spain in irgendeiner Weise mitwirkt).[158] Es stellte auch fest, dass die Verarbeitung im Rahmen der Förderung des Verkaufs von Werbefläche geschieht, was die Suchmaschine wirtschaftlich rentabel macht und gleichzeitig Werbetätigkeit ermöglicht.[159]

Da die veröffentlichten Informationen leicht wiedergegeben werden können und die für die Veröffentlichung Verantwortlichen nicht immer dem Unionsrecht unterliegen, wäre es nicht möglich, einen wirksamen und umfassenden Schutz der Betroffenen zu erreichen, wenn sie vorher bei den Herausgebern der Websites die Löschung der sie betreffenden Informationen erwirken müssten. Im Gegensatz zum Suchmaschinenbetreiber veröffentlichen die Herausgeber die Informationen, können die Rechtsmäßigkeit der Veröffentlichung beurteilen und verfügen über ein besseres Mittel zur Unzugänglichmachung der Informationen.[160] Die Veröffentlichung oder Verbreitung auf einer Internetseite kann die Zugänglichkeit der Informationen für Internetnutzer, die eine Suche zu der Person durchführen, aber erheblich erleichtern und eine entscheidende Rolle bei der Verbreitung der Informationen spielen. Infolgedessen kann eine Veröffentlichung durch einen Betreiber einer Internetseite einen Eingriff in das Grundrecht auf Achtung des Privatlebens darstellen.[161]

---

155 EuGH, Urteil vom 13.5.2014, Az. C-131/11, Rn. 28.
156 EuGH, Urteil vom 13.5.2014, Az. C-131/11, Rn. 32.
157 EuGH, Urteil vom 13.5.2014, Az. C-131/11, Rn. 38
158 EuGH, Urteil vom 13.5.2014, Az. C-131/11, Rn.. 45 und 51.
159 EuGH, Urteil vom 13.5.2014, Az. C-131/11, Rn. 55-56.
160 EuGH, Urteil vom 13.5.2014, Az. C-131/11, Rn. 63.
161 EuGH, Urteil vom 13.5.2014, Az. C-131/11, Rn. 84-87.

Unter Berücksichtigung des Grundrechts auf Achtung des Privatlebens, des Rechts auf Schutz personenbezogener Daten und der Auslegung der Richtlinie 95/46 (Art. 12, Buchst. b und Art. 14 Abs. 1 Buchst. a) stellte das Gericht fest: Die betroffene Person kann vom Suchmaschinenbetreiber nicht nur die Berichtigung, Löschung oder Sperrung von Daten fordern, deren Verarbeitung unvollständig oder ungenau ist, sondern auch verlangen, dass die personenbezogenen Daten „nach Treu und Glauben und auf rechtmäßige Weise verarbeitet werden", „für festgelegte eindeutige und rechtmäßige Zwecke erhoben und nicht in einer mit diesen Zweckbestimmungen nicht zu vereinbarenden Weise weiterverarbeitet werden", „den Zwecken entsprechen, für die sie erhoben und/oder weiterverarbeitet werden, dafür erheblich sind und nicht darüber hinausgehen", „sachlich richtig und, wenn nötig, auf den neuesten Stand gebracht sind" und „nicht länger, als es für die Realisierung der Zwecke, für die sie erhoben oder weiterverarbeitet werden, erforderlich ist, in einer Form aufbewahrt werden, die die Identifizierung der betroffenen Personen ermöglicht", es sei denn „ihre Aufbewahrung ist für historische, statistische oder wissenschaftliche Zwecke erforderlich".[162]

Aus der Auslegung dieser Entscheidung wird deutlich, dass die Grundrechte betroffener Personen in der Regel vor dem Recht der Internetnutzer, dem Interesse der breiten Öffentlichkeit, Vorrang haben.[163] Eine solche Auffassung hängt von der Art der betreffenden Informationen, vom Interesse der Öffentlichkeit am Zugang zu der Information, von der Rolle, die die Person in der Öffentlichkeit spielt, ab, und davon, inwiefern die in diesen Anzeigen enthaltenen Informationen das Privatleben berühren.[164] Laut diesem Gericht können sich betroffene Personen unmittelbar an die für die Verarbeitung Verantwortlichen richten, die prüfen müssen, ob sie die verarbeiteten Daten zu entfernen haben.[165] Nichts hindert jedoch das zuständige Gericht daran, den Suchmaschinenbetreiber anzuweisen, aus der Ergebnisliste einer Suche Informationen der betroffenen Person zu entfernen .[166]

---

162 EuGH, Urteil vom 13.5.2014, Az. C-131/11, Rn. 72 und 93.

163 EuGH, Urteil vom 13.5.2014, Az. C-131/11, Rn. 97.

164 EuGH, Urteil vom 13.5.2014, Az. C-131/11, Rn. 81.

165 EuGH, Urteil vom 13.5.2014, Az. C-131/11, Rn. 77.

166 Für eine andere Untersuchung siehe: *M. C. Kettemann*, Der EuGH, Google und das Vergessen: Was sagt das Urteil wirklich? Abrufbar in: https://irights.info/artikel/der-eugh-google-und-das-vergessen-was-sagt-das-urteil-wirklich/23027

1.5 Recht auf Vergessenwerden: Was war bei Google inkorporiert?

Nach der Entscheidung des Falles Costejas erstellte Google einen Löschantrag in fünf Sprachen, um Nutzern zu ermöglichen, vom in der Europäischen Union geltenden Recht auf Vergessenwerden Gebrauch zu machen, indem Links mit personenbezogenen Daten gelöscht werden können. In diesem Antrag gibt man das Land an, in dem das Recht der Europäischen Union gilt, und nennt persönliche Daten (z.B. den vollständigen Namen); sowie die URLs, die man aus den Suchergebnissen entfernen lassen möchte. Außerdem sind folgende Fragen zu klären: „Handelt es sich um eine von einer staatlichen Behörde vergebene Identifikationsnummer?“; „Handelt es sich um vertrauliche oder um öffentlich verfügbare Informationen?“; „Können die Daten für gängige Finanztransaktionen verwendet werden?“; „Können sie genutzt werden, um weitere Informationen über eine Person zu erlangen, die zu finanziellen Schäden oder Identitätsdiebstahl führen würden?“; „Handelt es sich um ein Nacktfoto bzw. -video oder ein sexuell explizites Foto oder Video, das ohne Zustimmung des Betroffenen geteilt wurde und anhand dessen der Betroffene identifiziert werden könnte?“. Damit hat Google spezifischere Kriterien für die Anwendung der Entscheidung vorgeschlagen:[167] Der EuGH verpflichtet Google dazu, transparent zu machen, wie es seine Entscheidung anwendet und hat diese Intermediäre für zuständig für die Inhaltsbewertung erklärt .[168]

Obwohl Google seine Programmierung nach der Entscheidung des EuGH anpasste, gibt es noch eine andere Klage, die sich mit dem Recht

---

167 *E. Lee*, Recognizing Rights in Real Time: The Role of Google in the EU Right to Be Forgotten, 2016, 1037-1042.

168 https://www.google.com/webmasters/tools/legal-removal-request?complaint_type=rtbf: „A recent ruling by the Court of Justice of the European Union (C-131/12, 13 May 2014) found that certain people can ask search engines to remove specific results for queries that include their name, where the interests in those results appearing are outweighed by the person's privacy rights. When you make such a request, we will balance the privacy rights of the individual with the public's interest to know and the right to distribute information. When evaluating your request, we will look at whether the results include outdated information about you, as well as whether there's a public interest in the information — for example, we may decline to remove certain information about financial scams, professional malpractice, criminal convictions, or public conduct of government officials. You will need a digital copy of a form of identification to complete this form. If you are submitting this request on behalf of someone else, you will need to supply identification for them. Fields marked with an asterisk * must be completed for your request to be submitted.”

auf Vergessenwerden befasst. Das Gericht muss insbesondere entscheiden, welche Reichweite dem Recht auf Vergessenwerden außerhalb der EU zukommt. Einerseits behauptet man auf der französischen Seite, dass dieses Recht seinen Sinn verlieren wird, falls es nicht ausgedehnt werden kann, weil man sich durch andere technische Mittel von europäischem Gebiet aus Zugang zu betroffenen Informationen verschaffen könnte. Andererseits gibt Google zu bedenken, dass eine solche Ausweitung des Rechts die Gefahr bergen könnte, dass autoritäre Regime das Recht auf freie Meinungsäußerung gefährden. Der Fall begann mit einer von der Commission Nationale de l'Informatique et des Libertés (CNIL) eingereichten Beschwerde, die Daten unabhängig von der geografischen Reichweite unter Androhung einer Geldbuße (die bis zu 100.000 Euro betrug) entfernen lassen wollte.[169] Dagegen setzte Google Rechtsmittel beim Conseil d'État ein, der ein Vorabentscheidungsersuch über die Reichweite der Entscheidung zum EuGH stellte .[170]

Der vorgestellte Fremddruck zeigt, dass nicht bloß Intermediäre sich an staatliche Rechtsordnungen anpassen können, vielmehr können die europäischen Rechtsnormen auch in anderen Rechtsordnungen (wie z. B. in den USA) geltend gemacht werden.[171] Es erweist sich, wie bereits angedeutet, dass nicht alle Vorschriften tatsächlich zur Lösung von Netzproblemen beitragen; gelegentlich wirken sie als erschwerende Umstände, die die

---

169 https://www.cnil.fr/fr/droit-au-dereferencement-la-formation-restreinte-de-la-cnil-prononce-une-sanction-de-100000-eu

170 Vgl. https://www.theguardian.com/technology/2017/jul/20/ecj-ruling-google-right-to-be-forgotten-beyond-eu-france-data-removed; https://www.theguardian.com/technology/2016/feb/11/google-extend-right-to-be-forgotten-googlecom; https://www.reuters.com/article/us-google-litigation/french-court-refers-right-to-be-forgotten-dispute-to-top-eu-court-idUSKBN1A41AS

171 Der externe Druck beschränkt sich in Europa nicht auf das Recht auf Vergessenwerden. Man kann auch die Schaffung von Netzprinzipien bezüglich auf Suchmaschinen feststellen. Solche Prinzipien sind eine normative Voraussetzung für die Programmierung der Suchalgorithmen. Zwei Beispiele illustrieren das: Die Grundsätze der Neutralität von Plattformen (oder der Gleichbehandlung) und der Gerechtigkeit, die jeweils auf Transparenz und Nicht-Diskriminierung durch Suchalgorithmen abzielen. Solche Grundsätze lassen sich in der Entscheidung der Europäischen Kommission und in Loi n° 2016-1321, Art. 49 finden. Abrufbar in: http://europa.eu/rapid/press-release_IP-17-1784_de.htm und https://www.legifrance.gouv.fr/eli/loi/2016/10/7/ECFI1524250L/jo. Über die Enstwicklung dieser Grundsätze vgl. Bostoen, Friso. „Neutrality, fairness or freedom? Principles for platform regulation". Internet Policy Review 7.1 (2018). Web. 15 Apr. 2018. abrufbar in: https://policyreview.info/articles/analysis/neutrality-fairness-or-freedom-principles-platform-regulation

Probleme von Internetnutzern eher vermehren. Dieses Phänomen wurzelt in der Schwierigkeit, die technische Logik zu verstehen. Hierbei geht es nicht um Detailfragen der Programmierung, sondern um soziale Vorschriften im Netz, die darauf abzielen, die kommunikative Netzstruktur zu erhalten. Solche Vorschriften sind erkennbar und in die Rechtsordnungen integrierbar. Innerhalb einer netzförmigen Struktur müssen nicht nur die normativen Rechtsinhalte von den Intermediären inkorporiert werden, vielmehr müssen die technischen Werte auch in die Rechtsordnungen integriert werden. Aus diesem mangelnden Verständnis der technischen Logik heraus wird begreiflich, wieso die staatlichen Rechtsordnungen sich nicht selbst beschränken, um Konsequenzen für andere Netzakteure zu vermeiden, und folglich auch, wieso es noch eine zerstörende Tendenz der Staaten gegen technische Akteure gibt.

2 *Die Schwierigkeit der Inkorporierung des technischen Wissens*

2.1 Das technische Wissen im Recht

Der zwingende Charakter staatlicher Rechtsordnungen betrifft heterogene und fragmentierte Faktoren der Ökonomie, Kultur und Sozialentwicklung, die Inkonsistenzen im staatlichen Handeln verursachen und eine Weiterentwicklung der verschiedenen Entscheidungszentren fordern: Der Staat basiert nicht mehr auf einem homogenen, auf Wahrscheinlichkeit beruhenden Rechtssystem.[172] Das Rechtssystem kann nicht nur mit den Anwendungsmodellen der traditionellen Rechtsdogmatik operieren. Es kann auch nicht als stabile Werteordnung wirken, sondern es ist darauf angewiesen, externe Modelle sozialer Selbstorganisierung zu festigen,[173] um mögliche Anpassungen auf instabile soziale Veränderungen zu erleichtern: Es bedarf einer „[...] Umstellung der Gesellschaft von der Orientierung an der Erfahrung und relativ stabilen Gesetzmäßigkeiten in Natur und Gesellschaft auf prospektive Modelle eines Wissens, das nicht mehr durch stabile hierarchische Trennungen von Allgemeinem und Besonderem, sondern von heterarchischen hybriden Verschleifungen und Relationierungen von

---

172 Vgl. *K.-H. Ladeur,* Der Staat gegen die Gesellschaft. Zur Verteidigung der Rationalität der Privatrechtsgesellschaft, 2006, 325.

173 Vgl. *K.-H. Ladeur*, Postmoderne Rechtstheorie. Selbstreferenz – Selbstorganisation – Prozeduralizierung, 1992, 200.

Suchprozessen in Netzwerken bestimmt wird".[174] Die Normanwendung wird als experimentelles Wissen verstanden, das etwas beweist und herstellt, dessen Beobachtung als Teil eines ständigen Prozesses der Selbsterrichtung und Selbsterneuerung betrachtet werden soll. Das Innovationspotenzial des Netzes arbeitet mit Wissen, das Ungewissheit erzeugt (was wiederum erschwerte Stabilisierung durch das Recht bedeutet), das durch Institutionen geschaffen und durch Mittel der technischen Praxen angewendet wird.

Das praktische Register ist heterarchisch, azentrisch und abhängig von Mechanismen schneller Übertragung zwischen Knoten des Wissenserwerbs, der Wissensspeicherung und des Vergessens von Wissen. Es verfolgt nicht lediglich ein Ziel, vielmehr stellt es auch ein Mittel für zukünftige Herausforderungen bereit.[175] Software, technische Standards und Netzaufbau spielen eine innovative Rolle für das Recht selbst, ebenso wie das Recht „zwangsläufig offen für Lernen und die Ermöglichung des Neuen sein muss".[176] Der Staat wird durch seine Rechtsordnung zum Akteur, der nicht destruktiv mit der Logik des technischen Wissens umgehen kann, auch weil das Recht selbst ein Teil dieses praktischen Registers in einem Beziehungsnetzwerk ist.[177] Wenn die Rechtsnormativität einen Anspruch auf dieses Wissen erhebt, gibt es eine hohe Chance auf destruktive Potenziale im Netz und auch bezüglich anderer Grundrechte, da die Verteidigung der Selbstorganisierung auch die Verteidigung der in anderen Systemen entwickelten Grundrechte umfasst.[178] Das technische Wissen kann aber über die Nutzung der Netzstruktur dem Recht auch Bedingungen auferlegen. Es handelt sich hier nicht um Regime-Kollisionen oder um eine Bindung an das Netzwerk der Rechtsordnung,[179] sondern um den

---

174 *K.-H. Ladeur,* Der Staat gegen die Gesellschaft. Zur Verteidigung der Rationalität der Privatrechtsgesellschaft. 2006, 296.

175 Vgl. *K.-H. Ladeur,* Die Textualität des Rechts: Zur poststrukturalistischen Kritik des Rechts, 2016, 182.

176 *K.-H. Ladeur,* Die Textualität des Rechts: Zur poststrukturalistischen Kritik des Rechts, 2016, 190.

177 Vgl. *K.-H. Ladeur,* Die Textualität des Rechts: Zur poststrukturalistischen Kritik des Rechts, 2016, s. 283.

178 *K.-H. Ladeur,* „Offenheitspflege" im Internet – eine neue Funktion für die objektivrechtliche Dimension der „Medienfreiheit"?, 2003 , 114.

179 Dies ist ein von *G. Teubner* vorgestelltes Modell in Verfassungsfragmente, 2012, 237-242. Trotz des Unterschiedes erkennt der Autor die Notwendigkeit, mit Horizontalitäten und mit der Vereinbarkeit bezüglich Normkollisionen zwischen Netzwerksknoten zu arbeiten. Jeder Knoten ist verantwortlich für interne Normen innerhalb eines Ordnungsgefüges.

Prozess einer breiteren kognitiven Öffnung des Rechts und einer normativen Strukturierung der technischen Praxis. Die normativen und kognitiven Dimensionen im Prozess der rechtlichen Entscheidungsfindung lassen sich nicht trennen.[180] Von Bedeutung sind dabei das Ausprobieren von Neuem im Rahmen von Lernprozessen innerhalb einer Logik der Selbstorganisation in einem azentrischen Netzwerk – wie dem Internet – ebenso wie das Verständnis der Grenze der Zugänglichkeit des selbstzentrierten Wissens, insbesondere weil in einem Kontext des Netzwerkes die Netzpartner nicht unbedingt an bestimmte Inhalte (wie etwa bei Konditionalprogrammen) oder bestimmte Ziele (wie etwa bei Zweckprogrammen) gebunden sind, sondern an eine experimentelle Situation (wie bei Experimentalprogrammen) geknüpft sind.[181] Das ermöglicht das Experimentieren mit Anschlusszwängen, aus denen wechselseitige Bindungen resultieren:[182] Mit dem Internet – noch mehr als in der Ökonomie – lernen technische Praxen und Rechtsnormen voneinander.

Es drängt sich eine differenzierte Form der Kooperation und Koordination auf, die ihre Orientierung in neuen Regeln und technischen Standards finden, die die Organisation der Erzeugung neuen Wissens ermöglichen.[183] Das setzt den Bestand und die Notwendigkeit von Interaktionen mit anderen sozialen Ordnungen voraus, in denen bestimmte Entscheidungen potentielle Folgen für sich in Betracht ziehen müssen.[184] Die Deduktionsrelation wird durch eine heterarchische Relation der „Verweisung zwischen Entscheidungen und anderen Rechtsoperationen in einem Netz-

180 Vgl. *K.-H. Ladeur,* Recht – Wissen – Kultur, 2016, 40.

181 Vgl. *K.-H. Ladeur,* Der Staat gegen die Gesellschaft. Zur Verteidigung der Rationalität der Privatrechtsgesellschaft, 2006, s. 71; *G. Teubner,* „So ich aber die Teufel durch Beelzebub austreibe, ...": Zur Diabolik des Netzwerkversagens, 2009, 12.

182 Vgl. *K.-H. Ladeur,* Der Staat gegen die Gesellschaft. Zur Verteidigung der Rationalität der Privatrechtsgesellschaft, 2006, s. 75.

183 *K.-H. Ladeur,* Negative Freiheitsrechte und gesellschaftliche Selbstorganisation: Zur Erzeugung von Socialkapital durch gesellschaftlich Institutionen, 2000, 68; *K.-H. Ladeur,* „Offenheitspflege“ im Internet – eine neue Funktion für die objektivrechtliche Dimension der „Medienfreiheit“?, 2003, 112. Der Autor verteidigt eine solche Sicht mit Blick auf Kooperationen zwischen Staat und Markt. Diese Perspektive selbst findet sich aber auch in der Beziehung zwischen Staat und kreativen Sphären der Gesellschaft, wie im Umweltrecht. Insofern scheint es mir fruchtbar, zu verstehen, dass diese Sicht auch der strukturellen Netzorganisation dient.

184 Vgl. *K.-H. Ladeur,* Der Staat gegen die Gesellschaft. Zur Verteidigung der Rationalität der Privatrechtsgesellschaft, 2006, 75.

werk" ersetzt.[185] Nicht zufällig werden öffentliche Angelegenheiten immer öfter so verhandelt, dass private Themen unterschiedlichster Gruppen berücksichtigt werden, die somit eine andere Selektivität des öffentlichen Entscheidens verursachen – öffentliche Entscheidungen sind nicht mehr auf sich selbst zentriert.[186] Folglich „muss das Recht kooperativ anknüpfen, wenn es seinerseits eine eigenständige Normativität entwickeln will".[187] Das Internet überträgt das Verhältnis von Öffentlichem und Privatem in eine technologische Struktur, die innerhalb einer globalen Ordnung jenseits der Staaten entsteht.[188] Unter einem internen Gesichtspunkt des Rechts ermöglicht der Gedanke der negativen Freiheit einen „Charakter einer Institutionalisierung eines handlungsorientierenden Wirklichkeitsmodells, das auf die Erzeugung eines differenzierten, selbständerungsfähigen Beziehungsnetzwerks und einer Kombinatorik der Anschlussmöglichkeiten angelegt ist":[189] Die Rechtsordnungen können sich mit Blick auf die Aufrechterhaltung einer sich an andere Netzakteure verknüpfenden Logik selbst beschränken, indem sie annehmen, dass die Netzproduktivität die Veränderung der Rechtsordnung selbst ermöglicht .[190]

Selbst wenn die Rechtsordnungen mit anderen Akteuren zusammenarbeiten müssen, sind sie noch wichtig, weil das staatliche Recht nach der Minimierung der Risiken strebt, mit denen die innovativen Maßnahmen verbunden sind. Vor diesem Hintergrund kann die Rechtsordnung verlangen, dass sich innovative Akteure ihrer Risiken bewusst werden oder auf die Beseitigung der Schäden hinarbeiten. Das Recht muss seine transformative Rolle wahrnehmen und Kreativität fördern, ebenso wie sein poten-

---

185 *K.-H. Ladeur,* Wissen - Recht – Wissen – Kultur. Die fragmentierte Ordnung, 2016, 38.

186 Vgl. *K.-H. Ladeur,* Der Staat gegen die Gesellschaft. Zur Verteidigung der Rationalität der Privatrechtsgesellschaft, 2006, 213.

187 *T. Vesting,* Rechtstheorie: Ein Studienbuch, 2015, 113.

188 Vgl. *K.-H. Ladeur,* „Offenheitspflege" im Internet – eine neue Funktion für die objektivrechtliche Dimension der „Medienfreiheit"? , 2003, 118.

189 *K.-H. Ladeur,* Negative Freiheitsrechte und gesellschaftliche Selbstorganisation: Zur Erzeugung von Socialkapital durch gesellschaftlich Institutionen, 2000, 75.

190 In diesem Sinn behauptet Vesting: „Das Recht muss sich zu den Wissensinfrastrukturen der Gesellschaft produktiv verhalten und sie so weit wie möglich in seine eigenen Normstrukturen übernehmen", in: *T. Vesting,* Rechtstheorie: Ein Studienbuch, 2015, 115. Vgl. *T. Vesting,* „Subjektive Freiheitsrechte als Elemente von Selbstorganisations- und Selbstregulierungsprozessen in der liberalen Gesellschaft. Dargestelt am Beispiel der Bedeutung der Intellectual Property Rights in der neuen Netzwerkökonomie", 2001, 39-40.

zielles Vetorecht.[191] Die folgeorientierten Entscheidungen in der richterlichen Spruchpraxis sind deswegen von Bedeutung, weil so die technische Praxis günstige Bedingungen beibehält, deren Logik in einer kollektiven und gelegentlich spontanen Kooperation erzeugt wird und durch die das Neue aus produktiven Spannungen erwachsen kann. Die Selbsttransformation der Gesellschaft und die ziemlich langsame rechtliche Reaktion machen es notwendig, dass sich das Recht neuen Rechtsquellen öffnet.[192] Der Grund liegt darin, dass das Recht durch seine expliziten Normen von einzelnen Streitfällen profitiert, um implizite Normen der Gesellschaft zu beobachten und in jedem Fall auf „ihre Haltbarkeit, d. h. vor allem im Hinblick auf die Erfahrungen und die Notwendigkeit des Lernens zu prüfen, ggf. zu variieren und zu stabilisieren".[193] Das für die Entscheidung notwendige Wissen wird von Fall zu Fall generiert; die Rationalität des Entscheidens folgt aus dem stabilen Prozess des horizontalen Verhältnisses, das den Koordinierungsprozess im privaten und öffentlichen Bereich kennzeichnet – ein Prozess, der wiederum von der Zeit und einer Struktur des wechselseitigen Vertrauens abhängt, wie das Beispiel der Entscheidungsstruktur im Umweltrecht zeigt. In diesem Fall, wenn es fehlende Informationen gibt, werden Entscheidungen durch technische Standards ergänzt und durch technischen Wissensdruck zur besseren Anpassung gezwungen.[194]

2.2 Netzneutralität: Ein integrierter Netzgrundsatz bei Rechtsordnungen

Das Internet bildet sich selbst heraus und wird ebenso durch – nicht unbedingt rechtliche – Normen gebildet, die eine strukturelle Logik organisieren, die auf eine Horizontalität zwischen Akteuren hinwirkt und für die rechtliche Problemlösung von großer Bedeutung sein kann. Während Grundsätze des Designs, die eine flexiblere und effizientere Netzfunktion ermöglichen, früher lediglich als Ingenieursgrundsätze verstanden wurden, genießen sie heute hohe soziale Wertschätzung. Der Wettbewerb und

191 Vgl. *W. Hoffman-Riem*, Innovation und Recht – Recht und Innovation: Recht im Ensemble seiner Kontexte, 2016, 33-34.

192 Vgl. *K.-H. Ladeur*, Recht – Wissen – Kultur. Die fragmentierte Ordnung, 2016, 17.

193 *K.-H. Ladeur*, Recht – Wissen – Kultur. Die fragmentierte Ordnung, 2016, 75-76.

194 Vgl. *K.-H. Ladeur*, Der Staat gegen die Gesellschaft. Zur Verteidigung der Rationalität der Privatrechtsgesellschaft, 2006, 326.

die Innovation hängen vom offenen Charakter dieser Grundsätze ab.[195] Angesichts des steigenden Interesses am Internet entstehen einige normative Inhalte durch den organisatorischen Anspruch des Internets.

In einem 2003 verfassten Aufsatz[196] prägte Tim Wu den Begriff „Netzneutralität" mit einem normativen Anspruch, der im Kern davon handelt, dass nicht alle übermittelten Daten im Netz zum Objekt der Diskriminierung durch Breitbandunternehmen werden können. Gewährleistet wird, dass alle Internetnutzer Inhalte in Datenpaketen und ohne Unterscheidung der Daten kreieren dürfen.[197] Ein Beispiel zur Erklärung: Als der VoIP (Voice over Internet Protocol) Standard entwickelt wurde, ermöglichte dies Unternehmen wie Skype und Whatsapp, Fernkommunikationsmittel zu sein – ein Mittel, das „converts an analog wave-form into a digital format, breaks the digital into packets, and transmits these packets using the packet switching approach underlying the Internet".[198] Telekommunikationsunternehmen wollten eine „Internet-Maut" erheben oder eine verschiedene Klassifizierung in der Datenübertragung einführen. Die Netzneutralität schränkt die Internet Service Providers (ISP) ein, sodass die Intermediäre kostengünstige Dienste und Innovationen vorantreiben können. Die ISP gewährleisten die Infrastruktur, während die Intermediäre Innovation und Wettbewerb hervorbringen. Jede Form der Erhebung von Abgaben würde dazu neigen, den Preis der Dienstleistungen für Intermediäre sowie für Endnutzer zu erhöhen.

Die Netzneutralität bringt zwei Konzepte mit sich:[199] Das strikte besagt, dass alle Netzdatenübertragung neutral ist, was bedeutet, dass eine egalitäre Übertragung aller Datenpakete nicht davon abhängen soll, wo die Daten herkommen oder welche Inhalte sie haben;[200] Netzneutralität im weitesten Sinn bedeutet dagegen, dass die Bedingung für eine „positive" Diskriminierung gegeben ist, die sich auf kritische Punkte – wie Telefon oder Videostreaming – bezieht, d. h., diese Dienste werden vorrangig übertragen, weil eine Übertragung, deren Geschwindigkeit sinken kann, im Ver-

---

195 Vgl. *M. A. Lemley*; *L. Lessig*, The End of End-to-End: Preserving the Architecture of the Internet in the Broadband Era, 2001, 930.

196 *T. Wu*, Network Neutrality, Broadband Discrimination, 2003, 141.

197 Vgl. *H. L. Crosnier, V. Schafer*, La Neutralité d'internet. Un enjeu de communication, 2011, 11.

198 *L. Denardis*, The Global War for Internet Governance, 2014, 139.

199 *L. Ziebarth*, Die Netzneutralität des Grundgesetzes, 2016, 41-42.

200 Vgl. *G. M. Bullinger*, Aktueller Begriff: Netzneutralität, 2010, abrufbar in https://www.bundestag.de/blob/491848/4f591c0d60b74fd18d6c507a60bcdf17/netzneutralitaet-data.pdf

gleich zu anderen Diensten große Auswirkungen auf die Servicequalität zum Nachteil der Internetnutzer hätte.[201] Auf Grund der Feststellungsschwierigkeit, welche Dienste vorrangig zu behandeln sind, wird der strikte Begriff der Netzneutralität hier bevorzugt übernommen. Dies bedeutet nicht, dass die Netzneutralität als Grundsatz außer Frage steht, aber sie dient als Hebel der Problematisierung einer technischen Vorschrift, die in staatliche rechtliche Praxis integriert werden kann.[202] Neben dem Ende-Zu-Ende-Grundsatz unterstützt die Netzneutralität die Auffassung, dass sich über die Meinungsfreiheit sowohl von ihrem Inhalt in sich selbst als auch von ihrer *Form* her, in der sie ausgedrückt werden kann, nachdenken lässt. So gesehen kann die Änderung darüber, wie Datenpakete verarbeitet werden, beeinflussen oder verhindern, dass bestimmte Inhalte veröffentlicht werden können. Das bedeutet, dass die Kommunikationsmöglichkeiten und der Kommunikationsprozess nicht denjenigen, der kommuniziert, und seine persönliche Meinung diskriminieren dürfen: Den Netzbetreibern ist nicht gestattet, vom Netzmanagement willkürlichen und selektiven Gebrauch zu machen.[203]

Die Netzneutralität braucht immer mehr eine rechtliche Integrierung, weil sie ein angebliches Potenzial der Übermacht der ISPs angesichts der Internetnutzer und des Staates vermeidet. Gleichzeitig zeigt die Inkorporierung dieses Netzgrundsatzes eine Anerkennung der Selbstbeschränkung durch den Staat, von dem die Gewährleistung der Kreativität und Horizontalität im Netz verlangt wird. Das scheint wichtig, da es auch denkbar ist, dass Medienkonglomerate und Staaten möglicherweise Position gegen die Netzneutralität beziehen. Die Inkorporierung der technischen oder rechtlichen Werte reagiert nicht auf eine bloße verfahrensmäßige Strukturierung, sondern auf eine Veränderung der Staatlichkeit. Dadurch, dass diese die Rechtsnormativität zwingt, Verantwortung für die Netzstruktur zu übernehmen, wird das zwischen den Akteuren (einschließlich des Staates) etablierte Vertrauen gefestigt. Der Marco Civil da Internet, Gesetz Nr. 12.965/14, ist mehr als eine Antwort der brasilianischen Rechtsordnung an die internationale Gemeinschaft angesichts von Spionage und Überwachung durch die nordamerikanische Regierung; er ist mehr als

---

201 Vgl. *L. Ziebarth,* Die Netzneutralität des Grundgesetzes, 2016, 42.

202 Um die Unordnung in den Infrastrukturinvestitionen im Vergleich zum Wachstum des Datenverkehrs zu veranschaulichen, siehe *P. Bello*; *J. Jung*, Net neutrality: Reflections on the current debate, 2015, 3, abrufbar in https://www.cigionline.org/publications/netneutrality-reflections-current-debate.

203 *L. Ziebarth,* Die Netzneutralität des Grundgesetzes, 2016, 83. Vgl. *D. Helling* Net Neutrality and Preserving Freedoms of the Internet, 2006-2007, 54-57.

eine Anpassung an Verfassungsvorschriften („Sicherung der Redefreiheit, der Kommunikationsfreiheit und der Gedankenfreiheit gemäß den Bestimmungen der Föderativen Verfassung"; und „Schutz der Privatsphäre", Art. 3., I und II). Er stellt auch eine Initiative der Anerkennung der normativen Vorschriften des Internets und der Selbstbeschränkung des Staats angesichts der technischen Struktur dar, da er „die Anerkennung des internationalen Charakters des Netzwerks", die Anerkennung der „Pluralität und Diversität" und den „Erhalt des partizipativen/ kollaborativen Charakters des Internets" (Art. 2º, I und III, 3º, VII) als Prinzipien der Internet-Nutzung verankert. Die Verantwortung dafür, Daten zu schützen und den Schutz der Privatsphäre zu gewährleisten teilen sich staatliche Stellen und private Akteure, etwa indem Daten nur auf richterliche Anordnung zur Verfügung gestellt werden dürfen. Der Marco Civil da Internet sieht den Bund, die Staaten, den Bundesdistrikt und die Städte in der Verantwortung, die „Schaffung von Einrichtungen für eine multipartizipative, transparente, gemeinschaftliche und demokratische Regierungstätigkeit mit der Beteiligung der Regierung, des Wirtschaftssektors, der Zivilgesellschaft und der akademischen Gemeinschaft" (Art. 24, I). Aus dieser Dynamik der Selbstbeschränkung kann der Marco Civil die Netzneutralität integrieren: Gemäß Art. 9 hat der Verantwortliche für das Netz die Pflicht, „jedes Datenpaket gleich zu behandeln, ohne Rücksicht auf Inhalt, Herkunft und Ziel, Art des Dienstes, Anschluss oder Applikation."[204]

Wie bereits ausgeführt, ist die Netzneutralität ein Beispiel für die Verknüpfung von Netzakteuren wie Staaten, ISPs, Intermediären und Netznutzern. Die Inkorporierung dieser technischen Vorschrift dient sowohl einer Form der Selbstbeschränkung der Rechtsordnungen als auch der Erhaltung der Netzlogik. Darüber hinaus erscheinen die technischen Vorschriften immer mehr in einer Verflechtung mit Rechtsnormen, da die

204 Eine ähnliche Definition findet man in der Verordnung (EU) 2015/2120, im Grund 1: „Mit dieser Verordnung sollen gemeinsame Regeln zur Wahrung der gleichberechtigten und nichtdiskriminierenden Behandlung des Datenverkehrs bei der Bereitstellung von Internetzugangsdiensten und damit verbundener Rechte der Endnutzer geschaffen werden. Mit der Verordnung sollen die Endnutzer geschützt und es soll gleichzeitig gewährleistet werden, dass das „Ökosystem" des Internets weiterhin als Innovationsmotor funktionieren kann. Reformen im Bereich des Roamings sollten bei den Endnutzern das Vertrauen schaffen, auch auf Reisen in der Union vernetzt zu bleiben, und dazu führen, dass sich im Laufe der Zeit die Preise und andere Bedingungen in der Union einander angleichen werden".

Rechtsnormativität und technische Normativität voneinander abhängig sind, um sich im Netz durchzusetzen.

2.3 Netzinteresse und Verflechtung zwischen Normativitäten

Verwendet man in verschiedenen Wirtschaftszweigen Vertragsnetze, so braucht man im Internet die Benutzung des „Netzinteresses" als Art des Verständnisses der technischen Logik und der Selbstbeschränkung bei der Rechtsordnung. Die infrastrukturelle Vermittlung im Netz impliziert ein Phänomen jenseits der Verträge und Organisationen, jenseits der Konflikte zwischen Kooperation und Wettbewerb oder zwischen gemeinschaftlichem und individuellem Handeln: ein Rationalitätskonflikt, der in einer Vermischung der privaten und öffentlichen Regime resultiert.[205] Die Rechtsordnung soll die technologische und ökonomische Dynamik sowie die Ausgangslage anderer sozialer Akteure begreifen, die im Netz eine Rolle spielen. Die Rechtsnormen müssen die Knoten (Entscheidungsapparate mit Generalisierungsfähigkeit) im Netz identifizieren und sie unterstützen, um zentralisierenden Tendenzen entgegenzuwirken, insbesondere staatlichen Ursprunges. Dementsprechend wird ein Gleichgewicht zwischen Netzakteuren nicht ausschließlich aus privaten Gruppeninteressen heraus angestrebt, vielmehr liegt es auch im „Netzinteresse", dass das Netz sich auf autonome Weise konstituiert und dabei eine Verflechtung von Unterschieden und Widersprüchen einschließt.[206] Deswegen müsste das Recht einen kollektiven, das „Netzinteresse" einschließenden Begriff entwickeln.[207] Es ist also ein rechtlicher Begriff von kollektivem Interesse im Netz vonnöten, der sich von den Interessen der anderen Akteure in der Erhaltung der kommunikativen Struktur abhebt. Es geht nicht darum, das

---

205 Vgl. *G. Teubner*, Hybrid Laws: Constitutionalizing Private Governance Networks, 2002, 328.

206 *G. Teubner*, Hybrid Laws: Constitutionalizing Private Governance Networks, 2002, 331-332.

207 *G. Teubner*, „So ich aber die Teufel durch Beelzebub austreibe, ...": Zur Diabolik des Netzwerkversagens.*. 2009, 15. Abrufbar in https://www.jura.uni-frankfurt.de/42829141/BeelzebubDTJan09VERS.pdf : Es scheint mir ein Parallele zur Idee des „Netzinteresses" auch bei einer Logik des technischen Netzwerks (Internet) plausibel, insbesondere weil es vielfältige Interessen jenseits des Geschäftsinteresses der Unternehmen und das Risiko der Sperrung von Diensten gibt. Deswegen würde dieser Begriff als Rechtsgrund der Selbstbeschränkung dienen, die die technische Logik integriert.

Netzwerk auf eine Beziehung von Mittel und Zweck zu reduzieren, indem die einzige Aufgabe der Struktur ist, die Kommunikation zwischen denjenigen, die kommunizieren können, zu gewährleisten, sondern darum, die „Orientierung an Veränderungsfähigkeit, Lernfähigkeit und Evolutionsfähigkeit der Gesamtkonstellation in den Vordergrund [zu] stellen". Mit anderen Worten handelt es sich um die Unterstützung einer bestimmten Art der reflexiven Autonomie: Jeder Netzknoten soll die Fähigkeit entwickeln, „das Verhältnis zwischen seinen Umweltleistungen und seiner Funktion im Gesamtnetz eigenständig zu reflektieren", wobei staatliche Instanzen, Wirtschaftsunternehmen und Wissenschaftsinstitute verbunden werden.[208] Juristisch erschöpft sich die Autonomie darin, den Knoten Rechtspflichten aufzubürden, ansonsten wird die reflexive Autonomie der Netzknoten respektiert.

Der Begriff Netzinteresse bezieht sich auf staatliche Rechtsordnungen wie auf private Akteure (wie z.B. Intermediäre). Allerdings ist die Fähigkeit zu sperren oder Geldbußen zu verhängen von großer Tragweite, und folglich kann dies nicht ein legitimes Mittel sein, ohne dass zunächst eine gewisse Sensibilität für das technische Wissen, das Intermediäre entwickeln, generiert wird. Die im Netz gebildeten Werte und Normen sind das Ergebnis von Selbstorganisierung, sodass private Akteure in Prozesse, in denen öffentliche Behörden oder Regulierungsbehörden ein praktisches Informationsdefizit haben, eingebunden werden könnten, um verschiedene Rationalitäten zu verknüpfen. Ohne Zweifel ist das politische System ein Zentrum der Standardisierung, Spezialisierung und der Planung zum innovativen Wettbewerb im privaten Bereich.[209] Einige Prinzipien sind zwar schon im politischen System bekannt, aber der innovative Prozess kann diffuse und noch unbekannte Praxen fördern, die nicht selten richterlichen Sachverhaltsprüfungen zugrundeliegen. Das Netzinteresse, das gleichzeitig eine Selbstbeschränkung und eine Form des Lernens der Rechtsordnungen angesichts der technischen Praxen gewährleistet, kann das Recht im Umgang mit neuen Netzdiensten, deren Nutzungsweise von den Nutzern immer wieder neu erfunden wird, weniger invasiv machen.

Damit angesprochen ist ein wichtiges Instrument der Unterstützung der Horizontalität, denn die Netzverwaltung ist kooperativ, und folglich kann die Technologiepolitik zumindest die Innovationen verfolgen, die das

---

208 *G. Teubner*, „So ich aber die Teufel durch Beelzebub austreibe, ...": Zur Diabolik des Netzwerkversagens.*, 2009, 15.

209 Vgl. *T. Vesting*,'The Autonomy of Law and the Formation of Network Standards', 2004, 660.

technische Wissen fördert. Anerkanntermaßen ist die Regulierung, die die Selbstbeschränkung der staatlichen Rechtsordnung ermöglicht, ihre „kolonisierenden“ Tendenzen nicht immer hinreichend aufhalten, weil neue Ereignisse auftreten können, bevor Vorsorgemaßnahmen getroffen werden konnten. Selbst wenn das Gesetz einen – rechtlichen – Inhalt für die Gerichte enthält, muss man aufgrund der Geschwindigkeit des technischen Wissens die Folgen für die technische Netzstruktur in Betracht ziehen: In unvorhergesehenen Situationen empfiehlt es sich, dass die richterlichen Entscheidungen die Autonomie und den Schutz der kreativen Sphäre im technischen Bereich fördern.[210] Jegliche Regulierungsform von Netzcodes muss darin bestehen, die Produktionsform der verschiedenen Selbstregulierungs- und Ko-Regulationsarten sowohl auf nationaler als auch transnationaler Ebene zu fördern, was sogar – ausnahmsweise – die Realisierung von Einschränkungen durch öffentliche Behörden enthalten kann.[211]

Über diverse Internetplattformen treffen sich Netzbenutzer, die ein bestimmtes Programm nutzen, und zwar nicht nur in den bereits für das Programm vorgesehenen Weisen, sondern auch mit unvorhersehbaren Zielen (die sozialen Netzwerkdienste z. B. dienten am Anfang lediglich der Verbindung von Personen, wurden aber allmählich zum Angebotsort von Dienstleistungen). Je mehr Benutzer es gibt, desto größere Bedeutung bekommen die Plattformen und ihre Dienste. Folglich wird die normale Nutzung dadurch komplexer, dass sie im Falle von Konflikten um eine solche Nutzung gelegentlich nach einer Formalisierung und Bekanntmachung der Regeln und Autorität verlangt. Aus Interaktionen erwachsende Regeln können Sanktionen durchsetzen oder Folgen für die Reputation nach sich ziehen, falls man gegen sie verstößt. Obwohl eine spezifische Autorität die Regeln überwacht, werden sie gemeinschaftlich durch eine kooperative Beziehung mit den Benutzern generiert, die auch wechselseitig

---

210 Das ist nicht ganz eine folgenorientierte richterliche Entscheidung, aber man kann die argumentative Anerkennung durch nordamerikanische Gerichte, wie auch in dieser Entscheidung, feststellen, die die Netzneutralität berücksichtigt: „United States Court of Appeals FOR THE DISTRICT OF COLUMBIA CIRCUIT Argued December 4, 2015 Decided June 14, 2016 No. 15-1063 United States Telecom Association, Et Al., Petitioners V. Federal Communications Commission And United States Of America, Respondents Independent Telephone & Telecommunications Alliance, Et Al., Intervenors”, 7-8. In ähnlichem Sinn siehe: *K.-H. Ladeur,* Negative Freiheitsrechte und gesellschaftliche Selbstorganisation: zur Erzeugung von Sozialkapital durch gesellschaftliche Institutionen, 2000, 57.

211 Vgl. *T. Vesting,* 'The Autonomy of Law and the Formation of Network Standards', 2004, 664.

ihr Verhalten und ihre wiederholten Interaktionen überwachen. In diesem Fall spielen die Rechtsordnungen keine große Rolle.[212] Allerdings können gewisse Regeln zwischen Netzakteuren eine derartige Bedeutung bekommen, dass sie die Integrierung durch staatliche Akteure benötigen: Genauso wie die technische Logik von technischen Standards abhängt, hängt das liberale Recht vom allgemeinen Verständnis ab, was alles das praktische Wissen von verschiedenen korporativen Kulturen im Netzwerk umfasst. So gesehen wird deutlich, dass die Regulierung der technischen Standards durch die öffentlichen Behörden nur als Ko-Regulierung vorstellbar ist.[213]

Es ist möglich, dass der Prozess der Ko-Regulierung durch Code und Rechtsnormen im Internet gelegentlich eine Verflechtung von rechtlichen und verfassungsmäßigen Inhalten mit technischen Inhalten und technischen Standards gewährleistet. Die rechtlichen Inhalte beschränken sich nicht auf eine systemische Logik, sondern befinden sich auch in sozialen Praxen. Das würde nicht überraschen, wäre es nicht die Bedingung der Horizontatlität, unter der sich die Netzarchitektur gegen private Akteure – einschließlich informelle regulatorische Akteure – und Staaten durchsetzt. Ebenso ist eine Maßnahme der Inkorporierung der technischen Werte in Rechtsordnungen erforderlich, wie sich beim Begriff der Netzneutralität bereits herausgestellt hat. Dies schließt jedoch die Veränderungen nicht aus, die die technischen Mittel den Rechtsordnungen abverlangen, etwa im Gebiet des geistigen Eigentums. Der Fokus liegt hier auf einer nicht ausschließenden Art von Werten, insbesondere auf einer Art nachbarschaftlichen Beziehung:[214] Die Erhaltung der technischen Sphäre garantiert verfassungsmäßige Grundwerte (z. B. Meinungsfreiheit) dadurch, dass verfassungsmäßige Grundwerte die kreative Struktur der Gesellschaft erhalten (wie z. B. die Erhaltung der Prinzipien von Netzneutralität und Ende-zu-Ende). Und dasselbe geschieht in Praxen, deren Logik aufgrund ihrer Neuartigkeit und ihrer spezifischen Nutzungspraxis (wie bei den internen Regeln der Aufnahme oder des Ausschlusses von Mitgliedern auf Social-Media-Plattformen) von schwierigem Verständnis für die Rechtsordnung ist. In dieser Netzdynamik wäre es nicht falsch zu behaupten, dass die Grundrechte „als offene und dynamische Beziehungsräume zu konzipieren [sind], indem eine sich auf ein spezifisches Grundrechtsfeld bezie-

---

212 Vgl. *B. H. Druzin*, Social Norms as a Substitute for Law, 2015, 75-81.

213 Vgl. *T. Vesting*,'The Autonomy of Law and the Formation of Network Standards', 2004, 658-659.

214 Vgl. *T. Vesting*, „Nachbarschaft: Grundrechte und Grundrechtstheorie in der Kultur der Netzwerke", 2014, 75-78.

hende Interpretationsgemeinschaft, etwa die scientific community des grundrechtlichen Sinnfeldes Wissenschaft, die laufende Geltungsfortbildung des Grundrechts prozessiert, indem sie nicht bloß bestehende Normen und Routinen abbildet, sondern neue Handlungsmöglichkeiten eröffnet, uns damit als solche erst erschließt".[215]

Selbst wenn Beispiele der Inkorporierung technischer Werte bereits existieren, weisen die beschriebenen Fälle im vorherigen Abschnitt auf die Schwierigkeit hin, die Rolle und den Anspruch der Horizontalität im Verhältnis von Rechtsordnung und technischer Logik der Netzarchitektur zu verstehen. Es besteht noch eine interventionistische Tendenz mit destruktivem Potenzial, die zur Blockierung von Diensten und folglich zu einer Schwächung der kreativen Sphäre der Gesellschaft führen kann. Als Ergebnis davon ist der Begriff der negativen Freiheitsrechte beeinträchtigt, insbesondere bei mangelnder Selbstbeschränkung staatlichen Handelns.[216] Die Verbindung von dezentrierten Entscheidungen verlangt eine Dynamik der Koordination und Kooperation, in der hierarchische Prozesse dazu neigen, destruktiv zu sein. Die Rechtsordnung verhielte sich parasitär zu Konventionen und Regeln des praktischen Denkens in einer asymmetrischen Verbindung von Gesetz und praktischem Wissen: Das Rechtssystem kann die Wissensinfrastruktur, auf der es basiert, weder schaffen noch bewahren, obwohl die vorrechtliche Regelerstellung unerlässlich sein kann, damit das Recht seine normbindende Wirkung in einem sich schnell wandelnden Umfeld entfaltet.[217] Deshalb ist es wichtig, auf die traditionell rechtlichen Inhalte im Programmierungsprozess zu achten, wenn auch in externer Weise: Nur so kann eine konstruktive und horizontale Logik zwischen Netzakteuren aufgebaut werden. Das ist nicht eine Perspektive innerhalb des Rechtssystems, sondern ein Verständnis des Rechts als sozialer Praxis, deren Werte von unbestimmten Rechtsordnungen geteilt werden können. Infolgedessen scheint es mir auch notwendig, das Recht als kulturelles

---

215 *T. Vesting*, „Nachbarschaft: Grundrechte und Grundrechtstheorie in der Kultur der Netzwerke", 2014, 77-78

216 Ein besonders auf Bildung der Rechtspersönlichkeit in einer komplexen Gesellschaft fokussierter Begriff, der nicht das Verständnis von wechselseitiger Selbstbeschränkung zwischen Rechtsordnung und technischen Netzstrukturen umfasst: Vgl. *K.-H. Ladeur*, Negative Freiheitsrechte und gesellschaftliche Selbstorganisation: zur Erzeugung von Sozialkapital durch gesellschaftliche Institutionen, 2000, 6-7.

217 *T. Vesting*,'The Autonomy of Law and the Formation of Network Standards', 2004, 653-54.

Phänomen zu begreifen, aber nicht unbedingt beschränkt auf einen konkreten Ort, sondern auf Plattformen, deren Folgen global sein können.

3 *Recht als soziale Praxis: Die Inkorporierung der Rechtsnormativität bei Intermediären*

3.1 Code und Normen als Möglichkeit und digitale Verfassung: Ein anderer Blick auf normative Phänomene im Netz

Nicht nur das rechtliche Wissen unter der Inklusion von normativen und empirischen Prämissen ist normierbar – wie in der Form der rechtlichen Dogmatik oder herrschenden Rechtsprechung – und damit regelmäßig realisierbar. Technische Praxen greifen zwar auf empirische Ergebnisse zurück, sind aber abhängig von Bewertungen, etwa der Sicherheitsbewertung von empirischen Ergebnissen, die nicht selten auf staatliche Ordnung und rechtlich codierte Praxen zurückgehen. Technische Praxen und technische Regeln (oder Code) rekurrieren besonders auf Wissen um Risiken oder mindestens auf das Wissen darüber, wie sie erzeugt werden.[218] Die multizentrische Logik des technischen Wissens verdient besondere Aufmerksamkeit bezüglich einer sozialen Praxis, die implizite und explizite Normativitäten inkorporiert. Während früher Rechtsnormen im gedruckten Text vorlagen, scheint es heute so zu sein, dass die Inkorporierung der Normativität sich über Verhaltenskodizes und über die von den Benutzern oder auf externen Druck hin aktualisierte Programmierung vollzieht. Deshalb behauptet Karavas: „This new media-dependency of law paves the way for the emergence of what I would like to call 'techno- digital normativity,' i. e., the amalgamation of normative and digital expectations inside the digital medium, resulting out of what we have described above as calculability of normativity. This means, however, that this techno-digital normativity cannot be assessed anymore according to Luhmann's distinction between cognitive openness and normative closure of the legal system, as it neglects the fact that inside the digital medium a strict distinction between digital and normative expectations is not possible.“[219]

---

218 Vgl. *W. Hoffman-Riem*, Innovation und Recht – Recht und Innovation: Recht im Ensemble seiner Kontexte, 2016, 137. Siehe auch *M. Müller-Foel*, Die Bedeutung technischer Normen für die Konkretisierung von Rechtscorschriften, 1987.

219 *V. Karavas*, The Force of Code: Law's Transformation under Information-Technological Conditions, 2009, 478-479.

Man muss hierbei einen Begriff jenseits der technischen Standards zugrunde legen. Diese vereinbaren mechanische und elektronische Bestandteile, was den Datenfluss und die ständige Erzeugung von Information erlaubt.[220] Hier wird eine umfassende Dimension angestrebt, die sowohl die Standardisierungsstruktur als auch die Dimension der Programmierung einschließt, das heißt, das Handeln, das auf ein bestimmtes Ziel hin den entworfenen technischen Code schafft.[221] Dafür erscheint es mir wichtig, verschiedene Vorstellungen der Beziehung zwischen Rechtsnormativität und technischen Praxen und Kodifizierung zu untersuchen. Deswegen wird der Begriff „Code" im Sinne eigener Normativität verstanden, etwa nach dem Motto „the code is law" nach Lawrence Lessig.[222] Die Arbeit Lessigs lieferte wichtige Impulse für die hier vertretenen Argumente.

In Lessigs Abhandlung lassen sich vier zentrale Themen ausmachen:[223] Regulierbarkeit, die eine Funktion der Netzarchitektur ist; die Regulierung auf Ebene des Codes, die auch als staatliches Druckmittel dient und private Akteure dazu anhält, die Regeln in Computerprogrammen zum Ausdruck zu bringen; Wettbewerb von Souveränen, was Nationen, private Gemeinschaften und Regierungen im Cyberspace umfasst; und latente Zweideutigkeiten in anderen Verfassungsgrundsätzen. Code wird vom Autor als etwas aufgefasst, das den Cyberspace in seiner Gestalt reguliert, d. h., dass Software und Hardware den Cyberspace zu dem machen, was sie sind, und somit die Freiheit des Einzelnen bedingen.[224] Hinzufügen kann man, dass die Architektur der Programme, Codes und Protokolle offener für Gestaltungsentscheidungen werden, um die Operationalisierung der Netzwerke zu erleichtern[225] und folglich Zugang zu anderen Grundrech-

---

220 Vgl. *T. Vesting*,'The Autonomy of Law and the Formation of Network Standards', 2004, 644.

221 Das würde einen Begriff von „practical knowledge" als „relational knowledge" umfassen, der flexible (kognitive) und stabilere (normative) auf Wissen basierende Komponenten enthält, die von Ort zu Ort variieren und eine schnelle und praktische Anpassung fordern. Vgl. *T. Vesting*,'The Autonomy of Law and the Formation of Network Standards', 2004, 651-652.

222 *L. Lessig*, Code and Other Laws of Cyberspace, 1999.

223 Die Auswahl von vier Themen basiert auf der aktualisierten Auflage von „*L. Lessig*, Code: Version 2.0., 2006". Trotzdem ist der Inhalt auch in der aktualisierten Version sehr konzentriert, was den vom Autor entwickelten Argumentkern nicht betrifft.

224 Vgl. *L. Lessig*, Code and Other Laws of Cyberspace, 1999, 7. *L. Lessig*, Code: Version 2.0, 2006, 6.

225 Vgl. *K.-H. Ladeur*, „Offenheitspflege" im Internet – eine neue Funktion für die objektivrechtliche Dimension der „Medienfreiheit"?, 2003, 111.

ten zu gewähren. In Bezug auf die vom Autor aufgezeigten Punkte ist hier besonders die Regulierung auf der Ebene des Codes von Interesse.

Lessig behauptet, dass eine Sache (z. B. eine Zigarette) sich auf vier Komponenten beschränkt: das Recht, (soziale) Normen, Markt und Architektur (technischer Aspekt). Damit betreffen die Beschränkungen eines dieser Elemente auch die übrigen: Technologie kann Normen und Recht bestimmen; das Gegenteil gilt auch.[226] Es sei, so Lessig, der „Code", der den Cyberspace reguliert. Mit anderen Worten: die Ausdrucksform der Software und Hardware, die eine Reihe von Beschränkungen bilden. Der Code könne gewisse Werte integrieren oder verunmöglichen, sodass das Recht die Funktionsweise des Code ändern könne.[227] Umgekehrt kann man feststellen, dass der Code die Norm beschränkt.

Es scheint mir dabei nicht richtig, in diesem Zusammenhang von einem Einheitsgegenstand zu sprechen, der gleichzeitig von verschiedenen sozialen Bereichen beeinflusst würde, wie Ökonomie, Recht und anderen technischen und sozialen Normen. Denn es handelt sich nicht um eine gewöhnliche, vereinheitlichte Sache überhaupt, sondern es kommt immer darauf an, wie sie sich aus der Perspektive eines Systems darstellt. Anstelle einer „Zigarette" – das erwähnte Beispiel – als Kern, der wechselseitig von verschiedenen Bedingungen beeinflusst ist, gibt es eigentlich keine Zentralität, sondern Multizentralität basierend auf der Zigarette. Das wäre die ganz eigene Perspektive des Rechts, der Ökonomie, der technischen und anderer sozialer Sphären auf die gleiche Sache, ohne dass diese ein einziger Kern ist, sondern viele Kerne, die sich wechselseitig beeinflussen. Mit dieser Differenzierung kann man die wechselseitige Einwirkung von rechtlicher Normativität und technischen Praxen begreifen. Durch den Begriff Lessigs lassen sich nicht alle möglichen Normen berücksichtigen. Deswegen bietet es sich hier an, einen bestimmten Ansatz zu verwenden, der die Beziehung von Rechtsnormen und technischen Praxen besser fasst. Dennoch ist der Begriff Lessigs noch fruchtbar. Davon ausgehend, dass Technik und Inhalte im Netz verbunden sind, zeigt er, wie das Internet eine Vielzahl von Möglichkeiten auf verschiedenen Ebenen eröffnet, realisiert durch Hardware, Protokolle und Programme.[228] Die Sprache des digitalen

226 Vgl. *L. Lessig*, Code and Other Laws of Cyberspace, 1999, 87-88. *L. Lessig*, Code: Version 2.0, 2006, 123.

227 Vgl. *L. Lessig*, Code and Other Laws of Cyberspace, 1999, 89-91. *L. Lessig*, Code: Version 2.0, 2006, s. 125.

228 Vgl. *K.-H. Ladeur*, „Offenheitspflege" im Internet – eine neue Funktion für die objektivrechtliche Dimension der „Medienfreiheit"?, 2003, 117.

Codes wird auch Bedingung der Möglichkeit von Netzkommunikation, die über die weltweiten elektronischen Kommunikationsnetzwerke des Internets Nutzer miteinander verbindet.[229] Ein solcher Begriff kann einen Ansatzpunkt für die Normativität als Studienobjekt darstellen.

In den vergangenen Jahren konnte man das Entstehen diverser Ansätze beobachten, in denen man versucht, die Veränderung der Normativität in der Weltgesellschaft angesichts der Globalisierung und des technischen Wissens zu verstehen, und zwar aus verschiedenen Perspektiven. Es ist nichts Neues, dass sich – etwa nach der Ansicht Teubners – die Rechtsnormativität auf viele soziale Bereiche ausdehnt, sodass sich neue Ordnungen jenseits des Staates bilden. Dafür bedürfen die Ordnungen einer Kopplung zwischen Recht und anderen sozialen Systemen (etwa Ökonomie, Sport, Wissenschaft etc.).[230] Innerhalb eines Prozesses der Gesellschaftsfragmentierung würde sich die traditionell an den Staat gebundene Rechtsnormativität auflösen und in andere Systeme übergehen, die das Bestehen von anderen Verfassungen ermöglichen. Die Untersuchungen beleuchten die Netzakteure (etwa ICANN und WIPO), weisen so auf die Wichtigkeit der Internet-Governance (Internet-Verwaltung) hin; sie beschreiben zudem die Existenz von erlaubtem/unerlaubtem Code in normativen Programmen und den Validierungsprozess bei den Entscheidungen über domain names.[231] Allerdings wird der Ausdruck „Digitalverfassung“[232] inflationär verwendet. Wie bereits angedeutet, ist das Internet nicht ein System, sondern ein Medium, dessen Architektur das Handeln anderer sozialer Akteure ermöglicht, etwa des Staats und privater Akteure. Man kann im Internet die Geltung der Rechtsordnung sehr wohl feststellen, insbesondere wenn man etwa die domain names im Rahmen von Klagen prüft. Das stellt allerdings auf keinen Fall die ganze normative Logik des Internets dar, die von den Schichten des Internets bis zu regulatorische Standards schaffenden

---

229 Vgl. *T. Vesting,* Das Internet und die Notwendigkeit der Transformativ des Datenschutz, 2003, 181-82.

230 Dazu siehe *A. Fischer-Lescano*; *G. Teubner,* Regime-Kollisionen. Zur Fragmentierung des globalen Rechts, 2006.

231 Vgl. *L. Viellechner,* Transnationalisierung des Rechts, 2013, 147-185.

232 *V. Karavas*; *G. Teubner*, http://www.CompanyNameSucks.com: The Horizontal Effect of Fundamental Rights on Private Parties within Autonomous Internet Law, 2003, 27-31: Die Kernthese des Aufsatzes verteidigt eine *lex digitalis*, in der man die Grundlage für Entscheidungsbildung der *lex mercatoria* mit Entscheidungen über Domain Name.

Akteuren reicht.[233] Damit scheint es unpassend, den Begriff von „Digitalverfassung“ zu verwenden, denn er erschwert das Verständnis von technischen Faktoren als Bedingungen der rechtlichen Normativität, wie sie durch den der Programmierung eigenen Code entsteht. Außerdem kann dieser Begriff andere wichtige Netzakteure (etwa die Intermediäre) und andere normative – nicht unbedingt rechtliche – Phänomene wie die Verarbeitung der Algorithmen auf Plattformen nicht integrieren, die herausragende Bedeutung sowohl für die Beziehung mit Nutzern als auch für die Internet-Governance haben.

Auch Möllers hat sich als ein Autor hervorgetan, der das Thema der Normativität in der technischen Struktur behandelt. In „Die Möglichkeit der Normen“ sucht er nach einem Begriff von Normen: „Normen bestehen aus einer Möglichkeit und einer [positiven] Markierung, die die Verwirklichung dieser Möglichkeit affirmiert“.[234] Das würde im Kern ein Erfolgskriterium der Norm zurückweisen, weil es gar keinen Unterschied zwischen der Norm und der Verwirklichung gäbe. Für die Ausgestaltung des Normbegriffs lehnt er auch die Notwendigkeit von Sanktionen ab, denn jede Norm habe eine Sanktion in sich selbst.[235] Er verteidigt einen Begriff jenseits der funktionalen Differenzierung bezüglich der „Hybridität sozialer Normen“: „Die Erforschung sozialer Normen sollte soziale Differenzierung zur Kenntnis nehmen, aber sich nicht vor hybriden Praktiken und unklaren Befunden fürchten. Es ist gerade der Clou einer komparatistisch arbeitenden Normentheorie, dass sie nicht nur wie die strukturfunktionalistische Soziologie nach Gemeinsamkeiten zwischen Funktionsdifferenzen sucht, sondern auch nach Phänomenen, in denen die Funktionsgrenzen in Frage stehen.“[236]

In Bezug auf die Phänomene, die einen hybriden normativen Inhalt haben, lässt sich argumentieren, dass die Inkorporierung der Rechtsnormativität in technische Praxen nicht mit einer Reinheit der inkorporierten Rechtsinhalte zu tun hat. Das schließt allerdings nicht das Bestehen eines stärkeren Einflusses von Rechtsnormativität auf das gesamte Netz aus. Selbst in der Kausalität, die in technischen Praxen von großer Bedeutung ist, ist die Präsenz eines normativen Rechtsinhaltes besonders durch die „Selbstregulierung“ deutlich, die sich z. B. in Form von Nutzungsbedin-

233 Vgl. *T. Vesting*, Constitutionalism or Legal Theory: Comments on Gunther Teubner, in: Transnational Governance and Constitutionalism, 2004, 38-39.

234 *C. Möllers*, Die Möglichkeit der Normen, 2015, 125.

235 Vgl. *C. Möllers*, Die Möglichkeit der Normen, 2015, 395.

236 *C. Möllers*, Die Möglichkeit der Normen, 2015, 442.

gungen oder in der Umsetzung der programmierten Algorithmen äußert. In Bezug auf das Internet weist Möllers auf die mangelnde Normativität der Algorithmen hin, weil diese einer Abweichung (die die Norm als Möglichkeit bestätigen würde) keinen Raum bieten würden.[237] Der Autor sieht aber die Funktion der Algorithmen nicht in der Umsetzung eines Befehls mittels eines Programms.[238] Der normative Inhalt liegt in der Programmierung, von der mit technischen Mitteln abgewichen werden kann. Wenn man z. B. einen gewissen veröffentlichten Inhalt aufgrund eines Verstoßes gegen das Urheberrecht verbietet, wird der Algorithmus programmiert, um Videos, die vertragswidrig sind, zu identifizieren und zu löschen. Dies verhindert aber nicht die Veröffentlichung von Videos mit einer grafischen Änderung, durch die der Inhalt für den Algorithmus nicht lesbar wird. In diesem Fall weicht das veröffentlichte Video nicht von der Umsetzung des Algorithmus ab, sondern vom normativen Inhalt der Programmierung. Es ist mithin möglich, die Variabilität im Internet eher durch Programmierung als durch Algorithmen aufrechtzuerhalten.

Die drei Begriffe illustrieren die Präsenzen des rechtlich Normativen im Netz. Im Folgenden stelle ich die Idee der Inkorporierung der rechtlich normativen Inhalte durch technische Praxen vor, besonders im Akt der Programmierung. Die Existenz von Rechtsordnungen, die Klagen im Netz prüfen, ebenso wie die Existenz einer hybriden Normativität wird dabei nicht verleugnet. Es geht hier eher darum, einen theoretischen Rahmen zu entwickeln, der die kulturelle Dimension des Rechts als etwas umfasst, das bei der Selbstbeschränkung der Intermediäre mitwirkt.

3.2 Die Inkorporierung der rechtlichen Inhalte durch die Programmierung: Die kulturelle Dimension des Rechts

Durch eine Internetplattform kommt eine Benutzergemeinschaft zusammen, die keine nationalen Grenzen kennt. Die Benutzung einer Plattform von Intermediären erzeugt eine kooperative und nicht unbedingt kommerzielle Beziehung zwischen Nutzern, d. h. eine Art von kooperativer

237 Vgl. *C. Möllers*, Die Möglichkeit der Normen, 2015, 455.

238 In dieser Arbeit soll folgender Begriff von Algorithmen verwendet werden: Etwas, das „in ein Verfahren der automatisierten Entscheidungsfindung und digitale Informationstechnologien" eigebunden ist, so dass es von „Datenauswertung, Wissensgenerierung und damit Ermittlung von Entscheidungskriterien und solchen zur Entscheidung selbst" abgrenzbar ist. *C. Ernst*, Algorithmische Entscheidungsfindung und personenbezogene Daten, 2017, s.1026.

Governance, die die Anpassung und Verbesserung der Programmierung selbst ermöglicht, etwa bei Wikipedia, eBay oder Facebook. Selbst bei der Programmierung für automatische Kontrolle ist die Beteiligung der Gemeinschaften noch von Bedeutung, um Plattformanpassungen vorzunehmen. Die Bewertung der Reputation von Benutzern etwa ist ein nicht selten eingerichteter Mechanismus, der zu einer besseren Programmierungskontrolle beiträgt – so kann derjenige gemeldet werden, der gegen Plattformrichtlinien verstößt.[239] Die Gemeinschaft dient als eine Art „Gedächtnisorganisation",[240] in der sowohl durch Anregung oder Beschwerde Veränderungen als auch die Konsolidierung der technischen Standards und der Verhaltensregeln in der Programmierung der Plattform erzwungen werden.

Die Programmierung fordert, dass der Code des Internets sowohl die Stabilisierung bestimmter Verhaltenserwartungen ermöglicht als auch die Variabilität und Flexibilität zwischen verschiedenen Technologien garantiert.[241] Gefordert wird aber immer mehr, dass sie die Prozesse der Selbstregulierung beachten, und dass diese im Hinblick auf ihre Nutzer eindeutig sind, um sich von ihnen kontrollieren zu lassen. Mit anderen Worten benutzt der Code sowohl materielle als auch formelle Rechtsinhalte, die die Verhaltensweise der Benutzergemeinschaft beeinflussen. Diese Selbstbeschränkung der Programmierung bringt die kulturelle Dimension des Rechts zutage: Der technische Code ist nicht im Netz isoliert, denn er interagiert mit anderen normativen Strukturen. Und die Beachtung des Rechts geht nicht von einer exklusiven und unmittelbaren Normanwendung irgendeiner lokalisierten Rechtsordnung aus, als ob es der Geltung der nordamerikanischen Rechtsordnung untergeordnet wäre, einer *lex americana*. Es gibt im Gegenteil eine Selbstkontrolle, die unterschiedliche Rechtsinhalte inkorporiert, indem sie nicht näher bestimmte Rechtsordnungen, die ihr zugrunde liegen, und die Interaktionen von Benutzergemeinschaften berücksichtigt. Aus diesem Grund wird deutlich, dass die Präsenz der normativen Rechtsinhalte, deren Logik die Selbstkontrolle

---

239 Dazu siehe *N. Auray*, Online Communities and governance mechanisms, 2012, 211-231.

240 In diesem Sinn siehe: *A. Lange*, Die Gaming-Community als Pionier der digitalen Bewahrung, 2013, 110-117.

241 Vgl. *T. Vesting*,'The Autonomy of Law and the Formation of Network Standards', 2004, 664.

strukturiert und deren Beziehung sie organisiert,[242] sich als Teil der Kultur darstellt.

Hieraus wird verständlich, dass Kultur es ermöglicht, imperative Kategorien unserer Erfahrung in zahlreichen Lebensbereichen zu schaffen, etwa Ökonomie, Familie und Politik. Sie ist ein „Immunsystem“ oder eine Gruppenidentität, die sich an gemeinsamen Werten, Erfahrungen, Erwartungen und Auslegungen orientieren will, die einen symbolischen Sinn – ein Weltbild einer Gesellschaft – bilden.[243] Vesting zufolge gehören „zur Kultur [...] dann auch die symbolische und imaginäre Ordnung, die das Wahrnehmen, Fühlen, Sprechen, Denken und Handeln der Menschen in der Welt bestimmen und dem Leben Sinn und Bedeutung verleihen“.[244] Wissensbestände sind durch Kultur miteinander verbunden und diese verleiht ihnen ein Ordnungsgefühl auf konzeptioneller und relationaler Ebene, was die Organisation und Erwartungsorientierung in der Alltagswahrnehmung erlaubt. Selbst bei ausgeprägter Spezialisierung ist das Recht in der Gesellschaft nicht isoliert, sondern auch Teil der Kultur.[245] Das Recht lässt sich außerhalb der spezialisierten Institutionen etwa in den vielen Formen informeller Konfliktbeilegung finden, während es als Struktur von geordneter Beziehung sichtbar und mit anderen gesellschaftlichen Bereichen verknüpft wird:[246] Es ist ein Teil der sozialen Imagination, die beim Weltverständnis hilft.[247] Als Kultur scheint Recht lokales Wissen zu sein, aber „local not just as to place, time, class, and variety of issues,[248] but as to accent-vernacular characterizations of what happens connected to vernacular imaginings of what can.“[249] Hinsichtlich des Begriffes Ort, angewandt auf das Internet, behauptet Cohen: „‘Cyberspace’ is most usefully

---

242 Vgl. *K.-H. Ladeur*, Die Textualität des Rechts: Zur poststrukturalistischen Kritik des Rechts, 2016, 284.

243 Vgl. *J. Assmann* Das kulturelle Gedächtnis: Schrift, Erinnerung und politische Identität in frühen Hochkulturen, 1992, 140.

244 *T. Vesting*, Die Medien des Rechts: Computernetzwerke, 2015, 21, 87. Vgl. auch *C. Geertz*, Dichte Beschreibung, 1983, 46; *K.-H. Kohl*, Ethnologie, 2000, 167.

245 Vgl. *L. Rosen*, Law as Culture: An Invitation, 2006, 4-5. In ähnlichem Sinn siehe: *C. Geertz*, The Interpretation of Cultures, 1973, 5-6.

246 Vgl. *L. Rosen*, Law as Culture: An Invitation, 2006, 6-7.

247 Vgl *C. Geertz apud L. Rosen*, Law as Culture: An Invitation, 2006, 12.

248 Kohl behauptet in diesem Zusammenhang zum Verlust des Orts: „Was sie [Kulturen] im Verlauf des Globalisierungsprozesses verloren haben, ist lediglich ihre feste Bindung an einen bestimmten Ort“. In: *K.-H. Kohl*. Ethnologie die Wissenschaft vom kulturell Fremden: Eine Einführung, 2000, 171.

249 *C. Geertz*, Local Knowledge: Further Essays in Interpretative Anthropology, 1983, 215.

understood as connected to and subsumed within an emerging, networked space that is inhabited by real, embodied users and that is apprehended through experience."[250] Eher als ein „Cyberspace" wird hier die Plattform durch die Benutzung und Interaktionen zwischen Nutzern als „Ort" verstanden, denn das erlaubt, die Präsenz des Rechts als Kultur in einer Gemeinschaft, die keinen konkreten Ort oder eine längere Geschichte hat, zu betrachten.[251]

Das technische Wissen macht gelegentlich im Internetbereich auf traditionelle Weise vom Recht dadurch Gebrauch, dass eine Erwartungsorientierung in Betracht gezogen wird, wie im Fall der Regulierung der Domainnamen (UDRP), die den WIPO in den Mittelpunkt des Entscheidungsprozesses stellt. Manchmal dient dieses Wissen als Voraussetzung, um ein bestimmtes Ziel zu erreichen. Durch gründliche Betrachtung dieser Wissenspraxen kann man die Existenz der Rechtsnormativität in technischer Programmierung bemerken, selbst wenn die Normativität abhängig von einem Kriterium technischer Selbstbeschränkung ist. Dementsprechend verteidigt Ladeur einen Prozess der Selbstbeschränkung und der Inkorporierung von Netzwerkinhalten. Unter Hinweis auf das Recht als eine soziale, technische Inhalte absorbierende Praxis[252] untersucht der Autor die Rechtsinkorporierung als Kultur in anderen Bereichen. Die vorher in der Normativität der staatlichen Rechtsordnungen konzentrierten Rechte finden sich nicht nur in anderen Rechtsordnungen[253] (z. B. *lex sportiva*), sondern auch in etwas, das in der Semantik der sozialen Praxen liegt, d. h. in der Kultur, die von bestimmten technischen Praxen integriert wird. Die Verbindung zwischen technischem Wissen und Rechtsnormativität folgt nicht einer hierarchischen Logik, weil sie in einem heterarchischen Netzwerk sind, das neue Verbindungen ermöglicht.[254] Damit erhalten die Rechtsordnungen durch ihre Normen das technische Wissen, während dieses auch die Rechtsnormativität absorbiert. Das bestätigt einmal mehr

---

250 *J. E. Cohen*, Cyberspace as/and Space, 2007, 255.

251 Wenn Vesting den Begriff von „Computerkultur" skizziert, ermöglicht das eine Interaktion zwischen Recht und Internet. Es scheint mir, dass es eine eher fragmentierte Kultur gibt: Die Plattformkultur, in der die Nutzer und Betreiber gemeinsame Codes teilen. Vgl. *T. Vesting*, Rechtstheorie: Ein Studienbuch, 2015, 84.

252 Wie im ersten Kapitel gesehen.

253 Dazu siehe *M. Neves*, Transconstitucionalismo, 2009; und *G. Teubner*, Verfassungsfragmente, 2012.

254 Vgl. *K.-H. Ladeur*, Recht – Wissen – Kultur. Die fragmentierte Ordnung, 2016, 25.

die Notwendigkeit der Horizontalität sowohl zwischen Akteuren als auch zwischen Rechtsnormen und technischen Praxen.

Durch die Architektur und private Akteure (regulatorische Akteure und Intermediäre) verbinden sich praktische Gemeinschaften miteinander, was ermöglicht, dass neue kognitive Akteure auftreten, die „als Wissensmakler agieren und die Form der spontanen Selbstkoordinierung ergänzen".[255] Der Code erlaubt, sich aus sich selbst heraus zu stabilisieren und zu vervollständigen, damit schließlich neue Akteure mit neuem Code und folglich neuem Verhalten und neuen Erwartungen in der Logik der Plattform entstehen können, die von jenem Code vermitteltet werden. Normen und nicht-staatliche Praxen koordinieren zunehmend Netzakteure, sodass das Recht und seine Normen durch die Ausarbeitung und Anwendung der technischen Standards ausgebreitet werden.[256] Dadurch ermöglichen die technischen Standards die Entstehung anderer Standards und technischer Praxen ebenso wie die Innovation innerhalb sozialer Praxen und im Recht selbst. Es ist nicht ausgeschlossen, dass das Recht als Bedingung des kreativen Prozesses der Intermediäre diese in ihren Praxen beeinflusst, insbesondere weil in der kulturellen Rechtsdimension die Funktion der Koordination und Kooperation mit anderen sozialen Regeln fortwirken. Das Recht ermöglicht durch sein offenes Gewebe genau die Anpassungsfähigkeit unter den Bedingungen der kontinuierlichen Gesellschaftsveränderungen, die die Verknüpfung mit den Institutionen und den Rechtsorganisationen und ihren sozialen Koordinationsformen beobachten kann.[257] Mehr als ein Begriff von Rechten und Pflichten wird das Recht auf diese Weise eine Bedingung und eine Anregung, um das Neue sich in der Praxis erzeugen zu lassen.[258]

Die Akteure und die Architektur, die die staatlichen Rechtsordnungen bedingen, können sich von dem Zusammenhang von Selbstbeschränkung und Beobachtung der Rechtsnormativität nicht ablösen. Das ist nicht auf eine Akzeptanz der Hierarchie der Rechtsnormativität zurückzuführen, sondern scheint mehr eine Suche nach Horizontalität auszudrücken, die eine Komplexitätsreduktion ermöglicht, wie Ladeur behauptet: „Die Akteure akzeptieren Regeln und Regelkomplexe aufgrund der dadurch zuge-

255 *K.-H. Ladeur,* Recht – Wissen – Kultur. Die fragmentierte Ordnung, 2016, 38.

256 Vgl. *K.-H. Ladeur,* Recht – Wissen – Kultur. Die fragmentierte Ordnung, 2016, 40.

257 Vgl. *K.-H. Ladeur,* Recht – Wissen – Kultur. Die fragmentierte Ordnung, 2016, 55.

258 Vgl. *K.-H. Ladeur,* Recht – Wissen – Kultur. Die fragmentierte Ordnung, 2016, 56.

lassenen Referenzen auf andere Möglichkeiten; das Spiel fängt nie von vorn an, seine Regeln werden nicht vereinbart.“[259] Eine solche normative Heterarchie entwickelt sich auch mittels der Anwendung des Rechts selbst,[260] das sich mit anderem praktischen Wissen verbindet. Hier ist eine Bedingung der Selbstveränderung des Netzwerkes enthalten, die mit „Computer culture“ verbunden ist, einer Variation der Selbstbeschreibung des Rechts: eine Lern- und Flexibilitätsfähigkeit, die bei horizontaler Verbindung und bei Erwartungskompatibilität beeinflusst wird, aber die selbst nicht in der Zweckprogrammierung ist.[261] Aus keinem anderen Grund muss man die Koexistenz des Rechts mit anderen „Codes“ im Netz annehmen: „In cyberspace we must understand how a different „code” regulates — how the software and hardware (i.e., the „code” of cyberspace) that make cyberspace what it is also regulate cyberspace as it is.“[262] Dennoch beobachten die technischen Codes das Normative des Rechts auf ihre eigene Weise. Nicht selten sind Inhalte wie „Kinderpornographie“, „Bedrohung der Privatsphäre“ und „Hassreden“ in der Programmierung als allgemeine Beobachtungsansprüche vieler Rechtsordnungen inkorporiert, als ob die Programmierung selbst den Problemen vorgreifen und sie gleichzeitig in einer gewissen Vorsortierung vermeiden würde. Es gibt also keine Leugnung der Rechtsnormativität, aber sie geht, verflochten mit anderen Codes der Programmierung, aus der Auslegung der normativen Inhalte durch die Programmierung hervor.

Die von Intermediären geschaffenen Plattformen entwickeln ein hybrides Rechtsmodell, das Rechtsordnungen beeinflusst und von ihnen beeinflusst wird und in dem soziale Normen und ihre Bereiche zur Reduzierung von Rechtsproblemen (etwa bei Schutz von Minderjährigen, Fake News und Hassreden)[263] wirksam sind. Wie bereits ausgeführt, spielt dabei die semantische Kraft des Rechts eine wichtige Rolle; sie konkretisiert sich durch ihre kulturelle Dimension an einem bestimmten Ort. Facebook bildet keine Ausnahme. Aus dieser Voraussetzung der kulturellen Rechtsdimension heraus soll im nächsten Kapitel die regulatorische Selbstbeschrän-

---

259 *K.-H. Ladeur,* Postmoderne Rechtstheorie. Selbstreferenz – Selbstorganisation – Prozeduralisierung, 1992, 49.

260 Vgl. *K.-H. Ladeur,* Recht – Wissen – Kultur. Die fragmentierte Ordnung, 2016, 25; *T. Vesting,* Rechtstheorie: Ein Studienbuch, 2015, 179.

261 Vgl. *K.-H. Ladeur,* „Lernfähigkeit des Rechts und Lernfähigkeit durch Recht“, 1990, 142-143.

262 *L. Lessig,* Code Version 2.0, 5.

263 Vgl. *K.-H. Ladeur,* Die Medienfreiheit im Netzwerk der Netzwerke. Neue Institutionen für neue Medien, 2017, 10-11.

kung von Facebook als Bedingung der Programmierung untersucht werden, und diese als Vorsortierung der Umsetzung der Algorithmen gedeutet werden. Es lässt sich aus dem Obigen schlussfolgern, dass die staatlichen Formen von Druckausübung zur Veränderung der technischen Logik nicht immer der innovativen Logik der Intermediäre angemessen ist. Nicht zufällig entwickeln die Intermediäre interne Regulierungsformen von Verhalten.

3. Kapitel: Die Selbstverpflichtung der technischen Praxen: Die Inkorporierung der Rechtsnormativität

Wie in Kapitel 2 erörtert, besteht ein komplexer Zusammenhang zwischen staatlicher Normativität und technischen Praktiken: Die staatliche Normativität verfügt zwar über Druckformen zur Änderung der technischen Logik, hat aber Schwierigkeiten, selbst technische Werte zu verstehen und sie in ihre Praktiken zu integrieren. In diesem Kapitel wird darauf fokussiert, wie rechtliche Normativität in der technischen Praxis (in diesem Fall Programmierung) erscheint und warum diese Inkorporierung von Bedeutung ist. Dazu wird der Zusammenhang zwischen Algorithmen und Programmierung aufgezeigt, in dem die rechtliche Normativität vorkommt (1). Um juristische Werte einfließen zu lassen, verfügt Facebook über Formen der Selbstregulierung (2), von denen das interne Verhalten der Gemeinschaft, die Gemeinschaftsstandards, am wichtigsten sind (3). Schließlich wird die Bedeutung der Inkorporierung rechtlicher Werte auch durch die Abwesenheit dieser Werte überhaupt verstärkt: Im Fall des TOR-Browser stellt die Abwesenheit von Rechtsordnungen eine Bedrohung dar (4).

Das Recht auf Plattformen denken heißt, eine Kultur der Digitalität zu denken. Es wird durch eine Ordnungsweise durch „Likes" (Referenzialität) strukturiert; aber auch durch die Nähe, das Interesse und die Aufmerksamkeit, die von anderen Mitgliedern erregt werden (Gemeinschaftlichkeit), die Informationen austauschen und sie zur Geltung bringen; es bietet zugleich eine Basis für die Erleichterung der Entscheidungsfindung der Benutzer mithilfe voreingestellter Problemlösungen (Algorithmizität).[264] Bei Facebook erfolgt der Vorgang der Selbstbeschränkung durch Beobachtung und Sortierung der Handlungen, die von den Nutzergemeinschaften vorgenommen werden können, d. h. von dem, was Nutzer gemäß ihrer Interessen wählen oder ablehnen, oder durch die Löschung der gemäß der Richtlinien des Intermediären verbotenen Inhalte durch Programmierung eines Algorithmus. Es gibt zwei wesentliche Tendenzen in juristischen Erörterungen über Facebook: Eine, die vom Datenschutz und seinen Folgen

264 *F. Stalder*, Kultur der Digitalität, 2016, 96-202: Die verwendeten Ausdrücke (Referenzialität, Gemeinschaftlichkeit und Algorithmizität) bei diesem Autor dienen dem Aufzeigen der kulturellen Dimension der Plattformen. Facebook weist diese drei Dimensionen auf.

(Einfluss auf Demokratie, Privatsphäre, vermarktungsfähige Datenpakete usw.)[265] handelt; eine andere, die auf verbotene oder gestattete Verhaltensweisen auf der Plattform bezogen ist. Der Fokus liegt in dieser Arbeit auf den Gemeinschaftsstandards, ohne zu verleugnen, dass es eine Datenrichtlinie als Voraussetzung gibt, um diese Standards durchsetzen zu können. Durch Facebook lässt sich ersehen, wie und warum die Inkorporierung der rechtlichen Inhalte in den technischen Praxen der Plattformen wichtig ist: Dies geschieht sowohl mittels der Programmierung der Algorithmen als auch mittels der Entscheidung von Cybercourts.

1 Algorithmen und die Programmierung

1.1 Algorithmen: Definition und Betrieb

Die Begriffssuche mithilfe einer Suchmaschine, die Freundschaftsempfehlung in einem sozialen Netzwerk und die gezielten, auf die Interessen der Benutzer abgestimmten Nachrichten sind Ergebnisse eines algorithmischen Verfahrens. Der Ausdruck „Algorithmus" ist zunehmend Gegenstand von Analysen, insbesondere von politischen und juristischen, sowohl im Kontext zunehmender Benutzung von Suchdiensten im Internet als auch der Gefahr für Datenschutz und der zunehmenden Macht der Intermediäre durch ihre Fähigkeit des Datenempfangs. Auch auf die Gefahr hin, einen für Juristen performativen Ausdruck zu schaffen, müssen die Algorithmen eine Definition haben, zumindest muss aber das Verständnis ihrer Funktion im Internet vertieft werden. In dieser Arbeit soll folgender Begriff von Algorithmen verwendet werden: Algorithmus ist „in ein Verfahren der automatisierten Entscheidungsfindung und digitale Informationstechnologien" eingebunden, sodass es von „Datenauswertung, Wissensgenerierung und damit Ermittlung von Entscheidungskriterien und solchen zur Entscheidung selbst"[266] abgrenzbar ist. Von diesem Begriff ausgehend kann man ferner „Programmierung" von „Algorithmeneinsatz" unterscheiden, denn die Algorithmen sind ein System der Durchführung

265 Dazu siehe: : https://netzpolitik.org/2018/facebook-nutzt-anpassung-an-datenschutzgrundverordnung-um-gesichtserkennung-auch-in-europa-zu-starten/ ; https://netzpolitik.org/2018/wie-facebook-betroffene-ueber-den-datenfluss-an-cambridge-analytica-informiert/; https://newsroom.fb.com/news/2018/04/restricting-data-access/;

266 *C. Ernst*, Algorithmische Entscheidungsfindung und personenbezogene Daten, 2017, 1026.

einer Programmierung eines digitalen Code, die nicht nur bei Menschen Anwendung finden können, sondern auch bei künstlicher Intelligenz (KI), d. h., unabhängig von einer menschlichen Programmierung eingesetzt werden können.[267] Aufgrund ihrer adaptiven Form tragen die Algorithmen zur Individualisierung und Präzision in Suchmaschinen und zur Empfehlung zur Entscheidungsfindung aus den angegebenen Daten und dem Browserverlauf der Benutzer bei.[268]

Über die Bedeutung für regulatorische Akteure (wie ICANN und IETF) und technische Standards (z. B. IP) in der Internet-Governance hinaus, kommen bei den Intermediären Algorithmen als Software und Datenfilter zum Einsatz. Algorithmen „are problem-solving mechanisms. In order to empirically grasp their role, this paper focuses on Internet-based services that build on algorithmic selection. Algorithmic selection is essentially defined by the automated assignment of relevance to certain selected pieces of information".[269] Es gibt verschiedene Arten von Algorithmen, von berühmten Suchmaschinen (z. B. Google Search) über Inhaltserstellung (z. B. Quill und Quakebot) bis hin zu Empfehlungen (z. B. Amazon und Netflix). Unabhängig vom durch die Intermediäre angebotenen Zweck besteht eine gemeinsame Eigenschaft der Plattformen darin, „that they generate, collect, process and aggregate big data through sophisticated algorithmic methods in order to extract economic value from it".[270] Auf diese Weise werden die Informationen, das Verhalten und die Gespräche der Benutzer individualisiert, was die Daten zu einer potenziellen Währung werden lässt, die die Privatsphäre der Benutzer und den Wettbewerb zwischen Intermediären tangiert. In Anbetracht der gemeinsamen Merkmale der Plattformen ist es wichtig zu begreifen, wie die Logik der Verarbeitung der Algorithmen funktioniert.

---

267 Vgl. *W. Hoffmann-Riem*, „Verhaltenssteuerung durch Algorithmen – Eine Herausforderung für das Recht", 2017, 3-4.

268 Laut *W. Hoffmann-Riem*, „Verhaltenssteuerung durch Algorithmen – Eine Herausforderung für das Recht", 2017, 5-6, ist der Einfluss der Algorithmen so groß, dass man nicht mehr in einer Online-Welt oder Offline-Welt lebt, sondern On*life*. Das bedeutet, dass es keine klare Grenze gibt zwischen innerhalb und außerhalb der digitalen Welt.

269 *N. Just & M. Latzer*, Governance by Algorithms: Reality Construction by Algorithmic Selection on the Internet. 2016, 2. Abrufbar unter: http://mediachange.ch/media/pdf/publications/Just_Latzer2016_Governance_by_Algorithms_Reality_Construction.pdf

270 *N. Just*, Telecommunications Policy, 2018, 3, abrufbar unter: https://doi.org/10.1016/j.telpol.2018.02.006.

Auf der Basis von Nutzeranfragen und den vorliegenden Benutzerdaten wählen die Algorithmen Elemente einer Reihe von Grunddaten (Big Data Set 1 oder DS1) aus. Input, Durchsatz und Output variieren je nach den verfügbaren Dienstleistungen der Plattformen. Nach dem Input (Benutzeranfrage und Benutzerdaten) kommt ein Filter zur Selektion der Daten (Algorithmus 1 oder A1) zur Anwendung, es erfolgt die Weiterleitung der ausgewählten Daten (Big Data Set 2 oder DS2) und die Verarbeitung, die die kontextbezogene Relevanz aufgrund einer statistischen und automatischen Bewertung (Algorithmus 2 oder A2) zumisst. Zum Schluss nimmt der Output (DS3) unterschiedliche Formen an, wie z. B. Klassifikationen, Ranglisten, Empfehlungen, Texte, Links zu Websites usw.; er dient außerdem dazu, mehr Daten für eine zukünftige Auswahl der Algorithmen verfügbar zu machen.[271] Mit anderen Worten hat das Input-Output-Modell des Algorithmeneinsatzes drei Phasen: (1) Dateneingabe, (2) Verarbeitung und (3) Datenausgabe: „Die Nutzeranfrage (Eingabe eines Suchbegriffs oder einer Reihe von Suchbegriffen) [1] wird mittels eines Selektionsalgorithmus verarbeitet, der aus dem umfassenden Basisdatensatz (alle indizierten Webseiten) eine Schnittmenge herausfiltert, die in irgendeinem Zusammenhang mit dem eingegebenen Suchbegriff steht.“[272] Folglich entsteht ein reduzierter Datensatz, dem durch einen Sortieralgorithmus Relevanz (2) beigemessen wird, wodurch „dann ein Ausgabedatensatz [3] generiert [wird]“, der für die Nutzer sichtbarer Output wird.[273] Um dies zu veranschaulichen, lässt sich das Beispiel von Suchmaschinen heranziehen. Die Suchmaschine umfasst Daten, die von einem Nutzer abgefragt werden (z. B. den Ausdruck „Fußball WM 2018“). Sie schlägt Suchergebnisse in Reihenfolge der Relevanz (Tabelle, Nachrichtenseite, Wikipedia usw.) für den Nutzer vor, die den gewünschten Inhalt (Tabelle mit dem Ergebnis Brasilien 8:0 Deutschland) enthalten.[274]

---

271 Vgl. *N. Just & M. Latzer*, Governance by Algorithms: Reality Construction by Algorithmic Selection on the Internet. 2016, 3.

272 *W. Schulz*; *K. Dankert*, Die Macht der Informationsintermediäre – Erscheinungsformen, Strukturen, Regulierungsoptionen, 2016, 65: Es ist möglich, eine erläuternde Tabelle zu diesem Systembetrieb zu finden.

273 *W. Schulz*; *K. Dankert*, Die Macht der Informationsintermediäre – Erscheinungsformen, Strukturen, Regulierungsoptionen, 2016, 66.

274 *J. Grimmelmann.* The Structure of Search Engine, 2007-2008, 7-11; Saurwein, Florian; *F. Saurwein; N. Just; M. Latzer*, Algorithmische Selektion im Internet: Risiken und Governance automatisierter Auswahlprozesse, 2017,. 1-2.: Die Autoren benutzen eine verschiedene Klassifikation, um das Input-Output-System zu beschreiben: Indexierung, Anfrage, Ergebnis und Inhalt.

Angenommen, dass der Internetaufbau die Entstehung anderer, den Staat bedingender Akteure ermöglicht, so konkurriert die technische Kontrolle mit der Rechtskontrolle. Intermediäre, wie etwa soziale Netzwerke und Suchmaschinen, haben eine umfassende Datenbank, die nicht nur eine Archivfunktion[275] erfüllt, sondern auch mithilfe von Algorithmen das Nutzerverhalten redimensioniert. Angesichts des beschriebenen Funktionierens der Algorithmen treten Differenzen zwischen ihnen im Ergebnis der Verarbeitung zutage, d. h. in den Empfehlungen, der Prognose, der Entscheidungsfindung usw. Um den Bedarf an Selbstbeschränkung durch Richtlinien, womit Nutzer zur Verbesserung beitragen können, und die Risiken abweichenden Nutzer- und Intermediärenverhaltens abzuschätzen, ist es wichtig, diese unterschiedlichen Formen der Verarbeitung vorzustellen.

1.2 Typen von Algorithmen

Im Rahmen einer Klassifikation der algorithmischen Verarbeitung ist es grundsätzlich möglich, zwei Formen zu betrachten: *algorithmische Empfehlungssysteme* und *algorithmische Entscheidungssysteme*. Erstere arbeiten mit großen Datenmengen in Dokumenten und Websites, die gemäß bestimmter Kriterien ausgewählt und klassifiziert werden, so dass die relevanten Angaben erscheinen. Der Algorithmus ist bereits bei einer Handlungsvorschrift am Werk, die aus einer Eingabe eine Ausgabe herstellt. Ein Beispiel wäre die Suche nach der kürzesten Strecke (Eingabe) für ein bestimmtes Ziel (Ausgabe), so wie in Googlemaps umgesetzt.[276] Letztere misst Dokumenten, Informationen und Produkten individuelle und kollektive Relevanz zu. Anschließend werden die Daten klassifiziert, sodass eine Entscheidung (Ausgabe) getroffen werden kann. Wenn man zum Beispiel auf Facebook ein Foto von einem nackten Mann (Eingabe) postet, identifiziert das algorithmische Entscheidungssystem (Selektion) den verbotenen Inhalt und löscht ihn folglich (Ausgabe).

Die beiden algorithmischen Systeme ermöglichen algorithmische Subtypen, die immer eine Empfehlung oder Entscheidung (oder beides) beinhalten: Der Subtypus *Suche* spielt in Suchanfragen eine wichtige Rolle, weil er Relevanz und Sichtbarkeit für die Nutzer zumisst (z. B. Google Se-

275 Dazu siehe *C. Vissmann*, Das Wissen des Staates, 2014, 181-195.

276 *K. A. Zweig; O. D. T. D. Krafft* - Algorithmen und Meinungsbildung Eine grundlegende Einführung. 2017, 319.

arch); der Subtypus *Aggregation* aggregiert Nachrichten (z. B. Google News); die *Überwachung* umfasst Apps, die Risiken erkennen, wie Cyber Attacken oder Kreditkartenbetrug, oder auch einfach Spionage – etwa wie den NSA-Skandal; die *Prognose* ist der Einsatz von Algorithmen zur Vorhersage des Verhaltens oder zukünftiger Situationen, z. B. Predpol;[277] durch die *Filterung* wird ein passiver Filter eingesetzt, der bestimmte Elemente auswählt, um den Zugang zu einigen Websites zu verhindern oder zu vermeiden, die Spam, Malware oder verbotene politische Informationen (insbesondere in autoritären Regimen) beinhalten; zum Subtypus *Empfehlung (im strengen Sinne)* gehört folgendes: Angesichts der üblichen Verhaltensweise der Benutzer schaffen einige Apps Filterarten, die Filme (Netflix), Musik (Spotify) oder Verbrauchsprodukte oder Dienstleistungen – die durch Werbung sichtbar werden (wie etwa in Facebook oder Google) – empfehlen; der Typus *Bewertung* umfasst Apps, die aufgrund von Reputationsbasis und Rangliste aus dem Feedback der Nutzer (z. B. eBay) arbeiten; schließlich besteht die *Allokation* in zuordnenden Apps, insbesondere Computational Advertising (z. B. Google AdSense), die die Sichtbarkeit bestimmter Dienste verbessern.[278] Als Intermediär benutzt die Facebook-Plattform im Wesentlichen Computational Advertising, Filtering (EdgeRank) und Social Search (GraphSearch und Empfehlungen (Kontakte)).[279]

---

277 Dieses System ist von einigen amerikanischen Polizeibehörden verwendet worden, um Kriminalitätsprobleme zu antizipieren. Trotzdem kann das System in Bezug auf ausschließlich frühere Daten Vorurteile gegen ausgegrenzte Gemeinschaften reproduzieren. Vgl. *C. O'Neal*, Weapons of Math Destruction: How Big Data Increases Inequality and Threatens Democracy, 2016, 87: „This creates a pernicious feedback loop. The policing itself spawns new data, which justifies more policing. And our prisons fill up with hundreds of thousands of people found guilty of victimless crimes. Most of them come from impoverished neighborhoods, and most are blacks or Hispanic. So even if a model is color blind, the result of it is anything but. In our largely segregated cities, geography is highly effective proxy for race".

278 *M. Latzer; K. Hollnbuchner; N. Just; F. Saurwein*, The economics of algorithmic selection on the Internet, 2014, 6-8, abrufbar unter http://www.mediachange.ch/media/pdf/publications/economics_of_algorithmic_selection.pdf .

279 *N. Just; M. Latzer*, Governance by Algorithms: Reality Construction by Algorithmic Selection on the Internet. 2016, 15. Eine andere Klassifikationsform in *W. Hoffmann-Riem*, „Verhaltenssteuerung durch Algorithmen – Eine Herausforderung für das Recht", 2017, 7-8: *Deskriptiv*: Beim Einsatz der Algorithmen für ein bestimmtes Ziel; *prophetisch*: Mithilfe der Daten und der Erfahrung der Systemnutzung entwickelt man Tendenzen für künftiges Verhalten; *präskriptiv*: Es empfiehlt Nutzern Handlungen, um ein bestimmtes Ziel zu erreichen.

Der normale Einsatz der Algorithmen verhindert aber nicht, dass es Risiken gibt, durch die Intermediäre potenzielle Probleme für Rechtsordnungen verursachen: 1) Manipulation, etwa wenn ein Website und/oder Nutzer unsichtbar werden; 2) Reduzierung der Variabilität und Wirklichkeit;[280] 3) Zensur durch intelligente Filter, etwa wenn der Zugriff auf Inhalte im Netz unmöglich wird; 4) Überwachung; 5) Verletzung von Rechten des geistigen Eigentums; 6) Missbrauch von Marktmacht, insbesondere durch Apps, deren Modalitäten der Mitgliedschaft andere organisierte Gruppen schwächen können (z. B. Konflikt zwischen Taxifahrern und Uber-Fahrern).[281]

Angesichts der dargestellten Probleme und Ziele spricht nichts dagegen, die These aufzustellen, dass es nicht nur eine „*Governance der Algorithmen*" gibt, sondern auch eine „Governance durch Algorithmen". Also besteht eine Koordination bei Informationsauswahl und bei Verhaltenssteuerung, und gleichzeitig ergibt sich die kritische Frage, wie die Art der Sortierung wichtige Werte beeinflussen kann.[282] Im zweiten Kapitel wurde aufgezeigt, wie die Rechtsordnungen auf Änderung in der Programmierung der Intermediäre drängen. In diesem Kapitel liegt der Fokus auf der Dimension der Selbstbeschränkung (oder Selbstregulierung) der Intermediäre, wobei

---

280 *K. A. Zweig; O. D. T. D. Krafft* - Algorithmen und Meinungsbildung Eine grundlegende Einführung. 2017, 320-324: Die Autoren zeigen, das die algorithmischen Systeme optimiert werden können, wie etwa in der Form *algorithmischer Entscheidungsbäume*, bei denen die für die Nutzer sichtbaren Nachrichten auf zwei Arten qualifiziert werden: Zeitpunkt der Veröffentlichung und Textlänge (nach Wörteranzahl). Demnach ist das System programmiert, um die Wahrscheinlichkeit zu bewerten, dass eine Meldung angeklickt wird. Gleichzeitig sind neue Informationen angesichts des Kriteriums „angeklickt" oder „nicht angeklickt" sortiert. Das ermöglicht, dass z. B. Facebook die Meldungen erfasst, die einige Nutzer von anderen lesen, oder auch individualisiert feststellt, wie man sich über die neuesten Nachrichten informiert. Angesichts dieses perfektionierten Systems zeigt sich das Risiko von Filterblasen oder Echokammern als algorithmische Systeme. Durch diese Systeme schützt und bestätigt man sich gegenseitig Meinungen. Aus verschiedenen Haltungen lernen Algorithmen mittels der Qualität der Freunde, die anderen vorgestellt werden und/oder die ähnlichen Meinungen empfehlen. Mithilfe der Empfehlungssysteme „hallen" Artikel oder Meldungen in einem Freundeskreis in der Nähe von einem Nutzer „wider", die anderen Personen gefallen können. Folglich besteht die Gefahr, dass Filterblasen entstehen, die zu politischen Extremen ermutigen, da wenig Kontakt mit anderen Meinungen besteht.

281 *F. Saurwein*; *N. Just*; *M. Latzer*. „Governance of Algorithms: Options and Limitations", 2015, 37.

282 *W. Hoffmann-Riem*, „Verhaltenssteuerung durch Algorithmen – Eine Herausforderung für das Recht", 2017, 10.

Facebook als Beispiel verwendet wird. Dafür ist es aber erforderlich zu verstehen, wo die Dimension der Rechtsnormativität in der Programmierung zu verorten ist.

1.3 Programmierung: Von Vorsortierung zur Abweichung

Statt „Code is Law" scheint „the law is through the code"[283] eher der Wirklichkeit zu entsprechen. Es geht nicht darum, die Durchsetzung der rechtlichen Werte über die Algorithmen zu verteidigen, sondern eine Zusammenwirkung zwischen Rechtsnormativität und technischen Praxen anzunehmen, in der sich beide gegenseitig beeinflussen können. Die Notwendigkeit der Inkorporierung von Rechtsnormativität in den technischen Praxen der Algorithmen lässt sich bereits deutlich beobachten: Wenn man nach Pornoseiten mit pädophilen Angeboten, Hate Speech und privaten Bankdaten sucht, erschwert das Suchsystem von Google das Finden. Die algorithmische Programmierung erfüllt eine Bedingung der normativen Maßnahmen des Unternehmens selbst, die mit der Normativität der juristischen und ethischen Werte übereinstimmen. Anders gesagt wird der Suchbefehl zu diesen Themen bereits auf der Ebene der Programmierung gefiltert, woraufhin eine begrenzte algorithmische Umsetzung erfolgt. Solche Maßnahmen können nicht nur die Anstrengungen einer Rechtsordnung bei der Bekämpfung von verwerflichem Verhalten erleichtern, sondern auch die staatliche Autorität ändern oder ihr zuwiderlaufen.[284]

Es erweist sich, dass der Algorithmus selbst Ergebnis eines technischen Gedankengebäudes ist, dem technischer Code in einer binären Sequenz entspricht, ohne dass es zu sozialen Interaktionen zwecks Problemlösung kommt.[285] Das schließt aber keineswegs die Annahme aus, dass der Ausgangspunkt immer noch sozial ist: Die Form, in der Werte und Zwecke ausgearbeitet werden, bestimmt Selektionen und Folgen, was eine Parallele zu Rechtsnormen zu ziehen erlaubt.[286] Für einen Nutzerbefehl sor-

---

283 Der verwendete Begriff basiert auf dem Titel der im Programm VII Interdisziplinärer Workshop Privacy, Datenschutz & Surveillance, 10.7.2018 vorgestellten Arbeit von Stephan Koloßa („From 'Code is Law' to 'Law on Code'".

284 Vgl. *W. Hoffmann-Riem*, „Verhaltenssteuerung durch Algorithmen – Eine Herausforderung für das Recht", 2017, 20-21.

285 Vgl. *W. Hoffmann-Riem*, „Verhaltenssteuerung durch Algorithmen – Eine Herausforderung für das Recht", 2017, 28.

286 *W. Hoffmann-Riem*, „Verhaltenssteuerung durch Algorithmen – Eine Herausforderung für das Recht", 2017, 29.

tiert die Programmierung aber Kriterien vor, deren Begrenzung sowohl in der Richtlinie der Intermediäre als auch einer externen Beobachtung der Rechtsfolgen, die die Programmierung hervorbringen kann, liegen. In beiden Begrenzungen ist ein Rechtsbegriff als Teil der Kultur bzw. als durch die Logik der Plattform vorgegebene soziale Praxen enthalten. Obwohl ein technischer Code als Hauptfaktor in der Funktion der Programmierung angesehen werden kann, lässt sich jedoch auch eine verständliche Sprachebene der vorab in den Leistungskriterien der Suchmaschinen formulierten Regeln ausmachen, so dass sich Vertrauensprobleme mit Nutzern, Rechtssystem und politischem System vermeiden lassen. Nicht zufällig liegt der Programmierung ein selbstreguliertes System der Kriterien von Intermediären zugrunde.[287]

Bemerkenswert ist, dass die Kriterien der Intermediäre nicht auf Neutralität beruhen, sondern auf der Orientierung an Nutzererwartungen sowohl in ihrer Suchanfrage als auch im Anklicken der Empfehlung von Werbung.[288] Dementsprechend ist es wichtig, einige begrenzende Formen dieser technischen Praxen aufzuzeigen. Selbstbeschränkung verbessert das Vertrauen der Nutzer und ist, so Schulz, aus folgenden Gründen auch tatsächlich vorhanden: Sie ist erforderlich aufgrund gesetzlicher Vorschriften (staatliche Anforderung) oder zur Problemvermeidung im Systembetrieb und letztlich zur Vermeidung der Intervention von Handelspartnern (sonst müsste Ausnahmefällen Rechnung getragen werden); schließlich sei die Programmierung nicht darauf ausgerichtet, bestimmte Meinungen zu begünstigen oder zu bekämpfen, sondern müsse sich an den Nutzerinteressen orientieren.[289] Die Transparenz sei auch bei den Kriterien der Klassifikation und Sortierung durch Algorithmen erforderlich, insbesondere weil „die Entscheidungen der Intermediäre verstanden und legitimiert werden können"[290] und die Überwachung von Veränderung und Verdrehung den Einsatz der Algorithmen erleichtert.[291] Mit anderen Worten: Die Selbstbeschränkung nimmt nicht nur die Verbesserung der Reputation angesichts

287 In diesem Sinne *W. Schulz*; *K. Dankert*, Die Macht der Informationsintermediäre – Erscheinungsformen, Strukturen, Regulierungsoptionen, 2016, 67-68.

288 Vgl. *W. Schulz*; *K. Dankert*, Die Macht der Informationsintermediäre – Erscheinungsformen, Strukturen, Regulierungsoptionen, 2016, 72.

289 Vgl. *W. Schulz*; *K. Dankert*, Die Macht der Informationsintermediäre – Erscheinungsformen, Strukturen, Regulierungsoptionen, 2016, 74.

290 Vgl. *W. Schulz*; *K. Dankert*, Die Macht der Informationsintermediäre – Erscheinungsformen, Strukturen, Regulierungsoptionen, 2016, 75.

291 In ähnlichem Sinne *W. Schulz*; *K. Dankert*, Die Macht der Informationsintermediäre – Erscheinungsformen, Strukturen, Regulierungsoptionen, 2016, 76-77.

der Nutzer und Handelspartner ins Visier, sondern auch die Vermeidung von Verzerrungen, Manipulation und Beschränkungen der Kommunikation.[292]

Bei großen Intermediären umfasst die Programmierung Grundsätze und Verhaltenskodizes (oder Gemeinschaftsstandards), worin die Selbstbeschränkung (oder Selbstregulierung) deutlich wird, die „öffentliche Interessen reflektieren, Maßnahmen zur firmeninternen Qualitätssicherung und Beschwerde- bzw. Ombudsstellen, um mit Beschwerden umzugehen"[293] beinhalten kann. Das stellt aber nicht die wahre Dimension der Normativität in der Programmierung dar. Für ein besseres Verständnis des Potenzials der Rechtsnormativität (und folglich der Abweichung von ihr) in der Programmierung lässt sich eine Parallele zwischen Rechtsnorm und ihrer Anwendung und der Benutzung von Apps (was die in ihnen vorhandene Rechtsnormativität einschließt) ziehen. Im zweiten Kapitel wurde ein Konzept der Normen als positive Markierung einer Möglichkeit entworfen. Trotz der angedeuteten Kritik an der Abwesenheit von Normativität in den Algorithmen ist der Kernbegriff von Normen hilfreich, um diese Parallele zu ziehen.

Die *Norm* in ihrer textuellen Dimension (die „hilft, Normautorisierung [und die Formalisierung] darzustellen")[294] schließt keineswegs ihre *Anwendung* aus. Letztere „kann auf den ersten Blick nichts anderes sein als eine konkretere Formulierung der Norm selbst, die sich zur Norm so verhält wie die Norm zur Normanordnung", d. h., sie „ist selbst normativ, sie schafft, wie sich zeigen wird, eine weitere Norm. Keinen normativen Anspruch erhebt dagegen die *Durchsetzung* einer Norm".[295] Demnach haben die Norm und ihre Anwendung einen normativen Charakter, denn sie zeigen eine Möglichkeit auf, wohingegen die Durchsetzung nicht solchen Charakter hat, „denn die Durchsetzung kennt keine Möglichkeit der Abweichung mehr, sie ist, wie auch immer sie betrieben wird, letztlich eine Verursachung, die nur eine einzige Wirkung zulässt".[296]

---

292 Vgl. *F. Saurwein; N. Just; M. Latzer*, Algorithmische Selektion im Internet: Risiken und Governance automatisierter Auswahlprozesse, 2017, 9.

293 *F. Saurwein; N. Just; M. Latzer*, Algorithmische Selektion im Internet: Risiken und Governance automatisierter Auswahlprozesse, 2017, 9.

294 *C. Möllers*, Die Möglichkeit der Normen: Über eine Praxis jenseits von Moralität und Kausalität, 2015, 286.

295 *C. Möllers*, Die Möglichkeit der Normen: Über eine Praxis jenseits von Moralität und Kausalität, 2015, 182-83.

296 *C. Möllers*, Die Möglichkeit der Normen: Über eine Praxis jenseits von Moralität und Kausalität, 2015, 183.

Im Rahmen der Benutzung der Plattform kann man die Programmierung als *Vorsortierung* der Funktionen, der Zwecke und der Werte, als *Befehl* und/oder die *Benutzung* durch die Nutzer (die Informationen anfragen oder einen verfügbaren Dienst der Plattform benutzen) und als die *Umsetzung* der Algorithmen, die wegen des Verhältnisses zwischen Vorsortierung der Programmierung und Nutzerbefehl das Ergebnis bilden, unterscheiden. In dieser Logik erweist sich, dass die Rechtsnormativität in der Vorsortierung, im Befehl und in der Benutzung vorhanden ist, weil man durch sie von der im Voraus bei den Plattformen festgelegten Normativität abweichen kann. Dagegen kommt dies bei der Umsetzung der Algorithmen nicht vor. In der Vorsortierung der Programmierung findet man von der Plattform geschützte Wertvorstellungen. Zum Beispiel verbietet es die Plattform YouTube, Videos hochzuladen, die gegen Regeln des geistigen Eigentums verstoßen oder pornografische Inhalte haben. Der Befehl und die Benutzung ähneln der Normanwendung, denn sie sind nicht nur das konkrete Ergebnis der Vorsortierung mit festgelegter Normativität, sondern dienen auch zur Aktualisierung der Wertvorstellungen, die in der Vorsortierung vorhanden sind. Nicht auf allen Plattformen sind diese normativen Inhalte ordnungsgemäß in den „Community Standards" explizit dargelegt; sie werden in einem Wechselverhältnis zwischen Software-Entwickler und Nutzergemeinschaft durch die Plattform vermittelt gebildet, was den Begriff des Rechts als Kultur verstärkt, der die normative Basis zugrunde liegt, um Verhaltensweisen zu ermöglichen oder zu verbieten. Das geschieht, wenn die Benutzer bestimmte gepostete Inhalte melden und kontextualisieren, wie z. B. im Falle von Fotos von nackten Indianerinnen oder von feministischen Demonstrationen, bei denen Demonstrantinnen mit entblößten Brüsten zu sehen waren. So gesehen fallen die Fotos nicht in den Anwendungsbereich der Richtlinie gegen pornografische Bilder, was die Aktualisierung der Vorsortierung der Programmierung ermöglicht. Schließlich ähnelt die Umsetzung der Algorithmen der Normdurchsetzung, weil es keine mögliche Abweichung gibt: Sie führt lediglich einen Nutzerbefehl aus, der durch Programmierung vorbestimmt ist.

Da es im Programmierungsprozess Normativität gibt, ist es von Bedeutung, wie die Normativitätsabweichung durch die technische Benutzung der Plattform vor sich geht. Auf Facebook ist es verboten, kinderpornografische Bilder zu posten. Die programmierten Algorithmen ermitteln diese Bilder und löschen folglich den verbotenen Post. Wenn ein Nutzer aber die Grafikeinstellung ändert, kann der programmierte Algorithmus nicht ermitteln, ob die betreffenden Bilder pornographisch sind. Davon ausgehend, dass das Verbot in der Programmierung implementiert ist und der

Algorithmus nur einen Befehl umsetzt, verweist die Abweichung von der Normativität auf die Programmierung. Demnach kann man die Plattform benutzen, um eine verbotene Nachricht zu verbreiten, d. h. gegen die Standards, die im Programm sind, zu verstoßen. Durch die technischen Mittel selbst lässt sich die Normativität in der Programmierung wahrnehmen, weil die *Möglichkeit* der Abweichung die Normativität bestätigt: „Ohne die Möglichkeit des Normbruchs gibt es keine Normativität",[297] denn die „Normativität richtet sich nicht gegen die Welt, wie sie per se ist; sie lässt vielmehr Raum sowohl für Abweichung als auch für Entsprechungen".[298] Der mögliche Normbruch beeinflusst auch die Programmierung, so dass das verbotene Verhalten durch die Aktualisierung des Programms abgedeckt werden kann. Die Aktualisierung kann sowohl mithilfe der Nutzer, die Inhalte bei der Plattform (bei Facebook durch flaggings) melden können, als auch durch selbstlernende Algorithmen erfolgen. Die traditionelle juristische Bewertung wird in diesem Fall erschwert: Aufgrund der Entscheidungsfindung durch Programmierung sind eher Nutzer und Programmierer die entscheidenden Akteure.[299]

Über die selbstlernenden Algorithmen (und folglich künstliche Intelligenz) sind einige Anmerkungen vonnöten. Die Komplexität der von Menschen programmierten Algorithmen hat zugenommen. Zwar ist auch die Benutzung der „selbstlernenden Algorithmen", die die Ergebnisse optimieren,[300] im Wachstum begriffen –, aber immer noch bestehen in diesen letzteren auch soziale Inputs in den Antworten (Outputs) der Algorithmen. Die Verwendung des Begriffs der künstlichen Intelligenz (KI) im Zusammenhang mit Algorithmen beschreibt die Fähigkeit der Algorithmen zur Selbstprogrammierung. Laut Wischmeyer meint dies „nämlich deren Fähigkeit, aus gegebenen Daten selbständig zu lernen. Intelligente Systeme sind dadurch in der Lage, neue Daten (input) in Entscheidungen bzw. Handlungen (output) umzuwandeln, ohne dass der Entscheidungsprozess durch menschliche Programmierung im Detail vorgegeben ist. Vielmehr wird die Entscheidungsfindung durch die Lernerfahrungen des Systems mitkonditioniert. Der Einsatz intelligenter Systeme zieht daher nicht nur

297 *C. Möllers*, Die Möglichkeit der Normen: Über eine Praxis jenseits von Moralität und Kausalität, 2015, 110.

298 *C. Möllers*, Die Möglichkeit der Normen: Über eine Praxis jenseits von Moralität und Kausalität, 2015, 131.

299 Vgl. *C. Ernst*, Algorithmische Entscheidungsfindung und personenbezogene Daten Privatdozent, 2017, 1026.

300 Vgl. *P. Schaar*, „Brauchen wir regulatorische Leitplanken der Digitalisierung?", 2016, 34.

unvorhergesehene, sondern auch strukturell unvorhersehbare Effekte nach sich".[301] Zu diesem Konzept kommt der Bedarf an großen Datenmengen, lernenden Algorithmen und menschlicher Supervision hinzu („So können Menschen in die Aufbereitung der Daten und in die Auswahl und Gestaltung der verwendeten Programme, Modelle und Algorithmen involviert sein").[302]

Selbst wenn KI schwer genau zu definieren ist, lässt sich konstatieren, dass die Fähigkeit zur Simulation menschlichen Handelns und menschlicher Problemlösung in der KI vorhanden ist, so dass Anpassungs-, Lern-, Entwicklungsfähigkeiten möglich werden, die die Regeln selbst einer unabhängigen Handlung verändern.[303] Die Entscheidungen sind nicht mehr ein Ergebnis einer klaren und kalkulierten Programmierung, „sondern das Ergebnis eines autonomen Prozesses, dem ein deterministisch strukturiertes Handlungsprogramm zumindest mit vertretbarem tatsächlichem Aufwand nicht entnommen werden kann",[304] was es erschwert, eine rechtliche Bewertung der Inhalte vorzunehmen oder die Algorithmen haftbar zu machen (weil sie keine Rechtssubjekte sind). Einerseits geht die Begründung der algorithmischen Entscheidungen auf Korrelationen zwischen Variablen durch deduktive Methoden zurück, was Individualisierung verspricht, weil der Algorithmus auf zahlreiche Kriterien Bezug nimmt.[305] Anderseits gründet dieses Ergebnis nicht in einer Analyse der Umstände des Sachverhaltes, sondern im Vergleich der zahlreichen Sachverhalte:[306] Je mehr Daten man sucht, desto mehr Daten und mehr Präzision erzeugt man durch Algorithmen für eine andere, zukünftige Suche. Selbst wenn von KI die Rede ist, lässt sich die Annahme der Neutralität und Objektivität von Algorithmen nicht aufrechterhalten, insofern als die Algorithmen Instrumente für bestimmte Zwecke sind, deren Einstellungen und persönliche Interessen durch die Programmierer oder Nutzer im Prozess der algo-

301 *T. Wischmeyer*. Regulierung intelligenter Systeme, 2018, 3.
302 *T. Wischmeyer*. Regulierung intelligenter Systeme, 2018, 10-14.
303 *C. Ernst*, Algorithmische Entscheidungsfindung und personenbezogene Daten Privatdozent, 2017, 1027.
304 *C. Ernst*, Algorithmische Entscheidungsfindung und personenbezogene Daten Privatdozent, 2017, 1027
305 *C. Ernst*, Algorithmische Entscheidungsfindung und personenbezogene Daten Privatdozent, 2017, 1028.
306 Vgl. *C. Ernst*, Algorithmische Entscheidungsfindung und personenbezogene Daten Privatdozent, 2017, 1028.

rithmischen Entscheidungsfindung verbleiben.[307] Es ist nicht die Intention dieser Arbeit, nach definitiven Antworten im Verhältnis zwischen KI und Recht zu suchen, wie z. B. bei der Frage, wer die zivilrechtliche Haftung im Fall von Fehlern bei der Entscheidungsfindung der Maschine übernimmt. Es soll hier auf die KI und ihre Fähigkeit der Selbstprogrammierung der Maschine fokussiert werden.

Der wichtigste menschliche „Input" in der Programmierung besteht darin, die Plattform Entscheidungen selbst treffen und den Einsatz der Algorithmen selbst modifizieren zu lassen. Die Selbstprogrammierung ist nicht imstande zu denken, sondern zu kommunizieren.[308] Die Algorithmen setzen Dateien aller Art im Web ein, wie Informationen der Nutzer (mit Bezug auf Kommentare, Suchanfragen und Chats) und Metadaten, die andere Daten beschreiben (Titel, Autor, Thema, Beschreibung usw.).[309] Daraus ergibt sich – trotz der Fähigkeit zur Selbstprogrammierung - eine Struktur der Datenkorrelation: Die Programme versuchen nicht, die Dokumente zu verstehen, sondern einen Zusammenhang zwischen ihnen herzustellen, der Kommunikation nach sich zieht (z. B. die Textübersetzung oder eine Musikempfehlung). Deswegen gilt: „[T]here is no need to know ‚why' you get a given result, only ‚what' it is."[310] Eine Interaktion der Benutzer mit der Maschine – einer Kommunikationspartnerin – erweist sich als mit autonomer Charakteristik und Kontingenz ausgestattet, sodass es dem Kommunikationsbegriff sehr nahe kommt. Hier stellen deren Algorithmen angemessene Informationen zur Verfügung, während sie neue Informationen produzieren: „The user communicates with the machine even if the machine does not communicate with the user."[311] Außerdem erfahren die Nutzer im Umgang mit der Maschine eine Kontingenz, die nicht von ihnen stammt, sondern von der Maschine selbst, die Informationen von ver-

307 Vgl. *C. Ernst*, Algorithmische Entscheidungsfindung und personenbezogene Daten Privatdozent, 2017, 1029.

308 Vgl. *E. Esposito*. Artificial Communication? The Production of Contingency by Algorithms Artifizielle Kommunikation? Die Produktion von Kontingenz durch Algorithmen, 2017, 251

309 Vgl. *E. Esposito*. Artificial Communication? The Production of Contingency by Algorithms Artifizielle Kommunikation? Die Produktion von Kontingenz durch Algorithmen, 2017, 252.

310 *E. Esposito*. Artificial Communication? The Production of Contingency by Algorithms Artifizielle Kommunikation? Die Produktion von Kontingenz durch Algorithmen, 2017, 252.

311 *E. Esposito*. Artificial Communication? The Production of Contingency by Algorithms Artifizielle Kommunikation? Die Produktion von Kontingenz durch Algorithmen, 2017, 257-258.

schiedenen Perspektiven produziert, die sich aus den Perspektiven (Daten) der anderen Beobachter (Benutzer) speisen: „[they] observe through the machine a re-elaboration of other users' observations."[312] Demnach ist die KI, selbst wenn sie auf Selbstmodifizierung hin programmiert wird, abhängig davon, wie die Benutzer die Algorithmen benutzen und folglich mehr Daten herstellen.[313] Der Einsatz der Algorithmen reflektiert die Unbestimmtheit des Nutzers, der mit der Kontingenz aller Anderen bzw. einer „virtual double contingency"[314] konfrontiert ist. Egal, ob ein Algorithmus selbstlernend ist oder nicht: Er wird nicht besser informiert oder intelligenter, sondern lernt, besser zu funktionieren, was die Kommunikationsherstellung immer wieder komplexer und effizienter macht und um neue Informationen für ihre Nutzer erweitert.[315] Dementsprechend lässt sich zeigen, dass die Algorithmen, obwohl sie die Kontingenz anderer Nutzer reflektieren, mithilfe einer Vorsortierung der Werte – darunter einer juristischen – programmiert sind. In Bezug auf die KI scheint, wenngleich sich solche Werte ignorieren lassen, die Tendenz, dass die auf juristischen und ethischen Grundsätzen beruhende Fähigkeit der Selbstmodifizierung der Algorithmen beschränkt ist.[316]

Ungeachtet des Einsatzes der KI durch Algorithmen erscheinen zwei Perspektiven für die Schaffung der institutionalisierten Elemente im sozialen Handeln der Akteure bzw. der Stabilität: „in Technik, Praktiken, Deutungsmustern und Regeln" auf der einen Seite, und gleichzeitig „[als] selbstverständlicher Teil des Alltags" auf der anderen Seite. Deshalb wird immer wichtiger zu verstehen, wie die bekanntesten Plattformen wie

---

312 *E. Esposito*. Artificial Communication? The Production of Contingency by Algorithms Artifizielle Kommunikation? Die Produktion von Kontingenz durch Algorithmen, 2017, 258.

313 Vgl. *E. Esposito*. Artificial Communication? The Production of Contingency by Algorithms Artifizielle Kommunikation? Die Produktion von Kontingenz durch Algorithmen, 2017, 259.

314 *E. Esposito*. Artificial Communication? The Production of Contingency by Algorithms Artifizielle Kommunikation? Die Produktion von Kontingenz durch Algorithmen, 2017, 260.

315 Vgl. *E. Esposito*. Artificial Communication? The Production of Contingency by Algorithms Artifizielle Kommunikation? Die Produktion von Kontingenz durch Algorithmen, 2017, 261.

316 Auf diese Weise kündigte Google die Form des Einsatzes seiner intelligenten Algorithmen an: „We will incorporate our privacy principles in the development and use of our AI technologies. We will give opportunity for notice and consent, encourage architectures with privacy safeguards, and provide appropriate transparency and control over the use of data". Abrufbar unter: https://www.blog.google/topics/ai/ai-principles/

Google, Facebook und Twitter durch ihre Algorithmen Relevanz zumessen, wodurch die Ergebnisse von Anfragen an Websites, Kommentare und Bilder (z. B. beeinflusst durch die „Like-Buttons") sichtbar werden.[317] Die Intermediäre finden sich sowohl in der Rolle wieder, Relevanz zuzumessen als auch der, reguliert zu werden: „Im Zusammenhang mit Urheberrechts- und Persönlichkeitsverletzungen, Hate Speech und Fake News sind die Konzerne vermehrt in die Verantwortung für die über ihre Dienste veröffentlichten Inhalte gezogen worden".[318] Als wichtige Netzakteure müssen die Intermediäre nicht nur die rechtlichen Inhalte inkorporieren, um destruktive Effekte in staatlichen Rechtsordnungen zu vermeiden, sondern auch ein Engagement für Horizontalität (im Netz) gemäß der Logik des Internetaufbaus verankern. Vor diesem Hintergrund wächst auch die Verantwortung, die technischen und juristischen Kriterien verständlich zu machen, die gegen rechtliche Werte verstoßende Informationen, Bilder und Videos filtern. Nicht zufällig rekurrierte Facebook im Jahr 2018 auf die Hilfe von Faktencheckern zur Informationsbewertung und veröffentlichte Auswahlkriterien im Einspruchsverfahren im Fall der Datenlöschung. Der Regulierungsprozess aus technischem System, Richtlinie und Verhaltenserwartungen ist sowohl durch automatisierte Verfahren als auch durch die Nutzerhilfe kontrollierbar.[319] Nachdem der technische Betrieb der Algorithmen und ihre Programmierung verdeutlicht wurde, ist die Regulierungsfunktion der Plattformen, die rechtliche Werte inkorporieren und sie durch Nutzerpraxen aktualisieren, zu betrachten. Dementsprechend wird die kulturelle Dimension des Rechts besser am Beispiel von Facebook betrachtet, und zwar sowohl was den Einsatz der automatisierten Algorithmen als auch die menschliche Bewertung durch sogenannte Cyber Courts anbelangt.

2 *Die Selbstbeschränkung bei Facebook*

Die Plattform Facebook lässt sich als soziales Netzwerk betrachten. Obwohl diese Bezeichnung nicht neu ist, hat ihre Verwendung aufgrund der

---

317 Vgl. *C. Katzenbach*, Die Ordnung der Algorithmen - zur Automatisierung von Relevanz und Regulierunggesellschaftlicher Kommunikation, 2018, 9

318 *C. Katzenbach*, Die Ordnung der Algorithmen - zur Automatisierung von Relevanz und Regulierunggesellschaftlicher Kommunikation, 2018, 10.

319 Vgl. *C. Katzenbach*, Die Ordnung der Algorithmen - zur Automatisierung von Relevanz und Regulierunggesellschaftlicher Kommunikation, 2018, 12.

vielzähligen Plattformen, die die Interaktion zwischen Nutzern ermöglichen, Aufwind bekommen. Was die Bezeichnung einzigartig macht, ist nicht der Begriff, nach dem solche Plattformen „allow individuals to meet strangers, but rather that they enable users to articulate and make visible their social networks", so dass die Kommunikation zwischen Menschen, die bereits Mitglied in ihrem sozialen Netzwerk sind (was die „offline"-Welt mit einschließt), ermöglicht wird.[320] Die sozialen Netzwerke stellen ein Identitätsmanagement und die Verknüpfung mit anderen Nutzern zur Verfügung.[321] Alles in allem weisen die sozialen Netzwerke im Internet vier Merkmale auf: ein verfügbarer Dienst im Netz; Nutzerprofil als Mitglied; Verknüpfung zwischen Mitgliedern und „Freundeslisten und deren grundsätzliche Sichtbarkeit für Mitglieder".[322] Eine solche Plattform ist nicht nur eine Website, sondern auch „ein Gesamtangebot von Webseiten und -anwendungen".[323] In Bezug auf Facebook gehören der Plattform: „Messenger, Instagram (einschließlich Apps wie Direct und Boomerang), tbh, Moments, Bonfire, Facebook Mentions, AR Studio, Audience Network und alle anderen Funktionen, Apps, Technologien, Softwareprodukte, Produkte oder Dienstleistungen, die von Facebook, Inc. oder Facebook Ireland Limited angeboten werden und der Datenrichtlinie unterliegen. Die Facebook-Produkte beinhalten auch Facebook Business-Tools wie Plug-Ins (z. B. „Gefällt mir"- und „Teilen"-Buttons) und unsere SDKs und APIs, die von Webseitenbesitzern und -herausgebern, App-Entwicklern, Geschäftspartnern (einschließlich Werbetreibenden) und ihren Kunden dazu genutzt werden, Unternehmens-Services zu unterstützen und Informationen mit Facebook auszutauschen".[324] Es ist wichtig, Facebook in sei-

320 *D. M. Boyd*; *N. B. Ellison*, Social Network Sites: Definition, History and Scholarship, 2008, 211. In ähnlichem Sinne, *C. Kühnl*, Persönlichkeitsschutz 2.0: Profilbildung und -Nutzung durch soziale Netzwerke am Beispiel von Facebook im Rechtsvergleich zwischen Deutschland und den USA, 2016, 19.

321 Vgl. *A. Richter*; *M. Koch*, Funktionen von Social-Networking-Diensten, 2008, 1240, abrufbar unter: http://www.kooperationssysteme.de/docs/pubs/RichterKoch2008-mkwi-sns.pdf

322 *C. Kühnl*, Persönlichkeitsschutz 2.0: Profilbildung und -Nutzung durch soziale Netzwerke am Beispiel von Facebook im Rechtsvergleich zwischen Deutschland und den USA, 2016, s. 18.

323 *C. Kühnl*, Persönlichkeitsschutz 2.0: Profilbildung und -Nutzung durch soziale Netzwerke am Beispiel von Facebook im Rechtsvergleich zwischen Deutschland und den USA, 2016, 19.

324 „Was sind Facebook-Produkte?" abrufbar unter: https://de-de.facebook.com/help/1561485474074139

ner Eigenschaft als soziales Netzwerk aufzufassen und zu ergründen, wie es funktioniert, um dann seine normative Dimension zu begreifen.

2.1 Facebook

Um die Plattform zu nutzen, verlangt Facebook die Erstellung eines Profils, das verschiedene personenbezogene Daten des Nutzers und seines sozialen Umfeldes enthält. Gleichzeitig erzeugen die Profile und die Benutzung der Plattform mehr Daten, die von Webseiten Dritter verwendet werden.[325] Neben Vorname, Nachname, E-Mail-Adresse, Geschlecht und Geburtsdatum sollte der Nutzer bei der Registrierung: „denselben Namen verwenden, den du auch im täglichen Leben verwendest; Genaue und korrekte Informationen über dich zur Verfügung stellen; Nur ein einziges Konto (dein eigenes) erstellen und deine Chronik für persönliche Zwecke verwenden; Dein Passwort nicht weitergeben, anderen keinen Zugriff auf dein Facebook-Konto gewähren bzw. dein Konto nicht an jemand anderen übertragen (ohne unsere Genehmigung)".[326] Die Plattform verbietet ihre Nutzung in folgenden Situationen: „Du bist unter 13 Jahre alt; Du bist ein verurteilter Sexualstraftäter; Wir haben dein Konto bereits früher wegen Verstößen gegen unsere Nutzungsbedingungen oder Richtlinien deaktiviert; Dir ist nach geltendem Recht der Empfang unserer Produkte, Dienste oder Software untersagt."[327]

Bei der Anmeldung ermöglicht die Facebook-Website die Verbindung mit anderen Mitgliedern und erzeugt automatisch eine Freundesliste. Die Website hat einen beträchtlichen Funktionsumfang, der auch Kommunikationsanwendungen umfasst, die „die Möglichkeit der öffentlichen Interaktion u. a. über Pinnwandeinträge, Notizen und die Kommunikation in offenen Gruppen ebenso wie die Möglichkeit der Individualinteraktion mittels Chat, Nachrichten, E-Mail, Messenger, Internettelefonie mit Bild

325 Vgl. *C. Kühnl*, Persönlichkeitsschutz 2.0: Profilbildung und -Nutzung durch soziale Netzwerke am Beispiel von Facebook im Rechtsvergleich zwischen Deutschland und den USA, 2016, 21-22.

326 Nutzungsbedingungen, 3. Nr. 1, abrufbar unter: https://de-de.facebook.com/legal/terms

327 Nutzungsbedingungen, 3. Nr. 1, abrufbar unter: https://de-de.facebook.com/legal/terms

in geschlossenen Gruppen" bieten.[328] Die Website kann auch den Aufenthaltsort der Nutzer anzeigen, während sie ihnen z. B. Restaurantempfehlungen oder andere Angebote in ihrer Umgebung offeriert. Darüber hinaus gestattet die Plattform, dass die Nutzer Fotos und Videos veröffentlichen.[329]

Wie bereits angedeutet dienen solche durch die Plattform ermöglichten Daten und Dienste als Integrationsform für Dritte. Die Benutzung der Apps, Websites oder sonstiger Dienste Dritter integriert mit der Plattform verbundene Produkte. Mit anderen Worten „können sie Informationen darüber erhalten, was du postest oder teilst. Wenn du beispielsweise ein Spiel mit deinen Facebook-Freunden/Freundinnen spielst oder einen ‚Kommentieren'- oder ‚Teilen'-Button von Facebook auf einer Webseite verwendest, kann der Spieleentwickler bzw. die Webseite Informationen über deine Aktivitäten in dem Spiel oder einen Kommentar oder Link erhalten, dass du etwas von der Webseite auf Facebook teilst. Wenn du solche Drittanbieter-Dienste herunterlädst oder nutzt, können sie auch auf dein öffentliches Profil auf Facebook sowie auf jedwede Informationen, die du mit ihnen teilst, zugreifen", aber die Informationen über andere Nutzer und ihre Freunde sind nicht verfügbar.[330] Die Informationen werden immer präziser angesichts der Individualisierung der Daten, die von den Nutzern bereitgestellt werden. Eine solche Individualisierungsform erfolgt durch eine Kennnummer (Cookie-ID)[331] und durch Social Plugins, von denen der „Like Button" der bekannteste ist, so dass die Nutzerpräfe-

---

328 C. *Kühnl*, Persönlichkeitsschutz 2.0: Profilbildung und -Nutzung durch soziale Netzwerke am Beispiel von Facebook im Rechtsvergleich zwischen Deutschland und den USA, 2016, 24-25.

329 Vgl. C. *Kühnl*, Persönlichkeitsschutz 2.0: Profilbildung und -Nutzung durch soziale Netzwerke am Beispiel von Facebook im Rechtsvergleich zwischen Deutschland und den USA, 2016, 26.

330 Apps, Webseiten und Integrationen Dritter, die auf unseren Produkten laufen bzw. diese nutzen, abrufbar unter: https://pt-br.facebook.com/policy.php

331 https://www.facebook.com/policies/cookies/: „Cookies sind kleine Textstücke, die zum Speichern von Informationen in Webbrowsern verwendet werden. Cookies werden verwendet, um Kennungen und sonstige Informationen auf Computern, Telefonen und anderen Geräten zu speichern bzw. zu erhalten. Andere Technologien, einschließlich der von uns auf deinem Webbrowser oder Gerät gespeicherten Daten, der mit deinem Gerät verknüpften Kennungen sowie sonstiger Software, werden für ähnliche Zwecke genutzt."

renzen zu bestimmten Inhalten erfasst werden können.[332] Daraus wird ersichtlich, dass die Plattform auch Werbung veröffentlicht, denn die Individualisierung lenkt die Nutzer zu den kommerziellen Anbietern. Zusätzlich fließen demografische Daten, Standort,[333] Interessen und Verhaltensweisen[334] mit ein.

Der Nutzer ist im Alltag in Verbindung mit der Datenverarbeitung, indem sie unmerklich Teil seines Verhaltens und seiner Handlungen wird: Die mobile Computernutzung macht ihn zum Gegenstand der Datenerfassung und der Datenverarbeitung. Diese erlauben es, Profile zu erstellen, die durch das Handeln, die sozialen Beziehungen, Einstellungen und Präferenzen in der physischen Welt determiniert sind. Mit der allgegenwärtigen Datenverarbeitung ist eine auf Internetdesign basierende Infrastruktur der Überwachung entstanden.[335] Der Skandal um das Unternehmen Cambridge Analytica hat die Notwendigkeit effektiver Antworten auf Herausforderungen des Datenschutzes gezeigt, sowohl hinsichtlich staatlicher Erfordernisse als auch bei der Selbstbeschränkung von Facebook. Diese Selbstbeschränkung ist nicht neu und ist nicht lediglich auf den Datenschutz beschränkt, sondern bezieht auch das Verhalten der Plattformmitglieder mit ein. Um die Auswirkung der Rechtsnormativität auf die techni-

---

332 Vgl. Diese Art ist in der Datenrichtlinie verschärft (https://de-de.facebook.com/about/privacy/update) und Nutzungbedingungen, 1. Unsere Dienste: „Wir verwenden die uns zur Verfügung stehenden Daten – beispielsweise über von dir hergestellte Verbindungen, Optionen und Einstellungen, die du wählst, und was du auf unseren Produkten sowie außerhalb dieser tust – um dein Erlebnis zu personalisieren". Eine kritische Bewertung zu diesem Modell siehe *A. Lafrance*, The Facebook Algorithm Is Watching You, 2017, abrufbar unter https://www.theatlantic.com/technology/archive/2017/02/the-algorithm-is-watching-you/517440/?utm_source=atlfb.

333 Vgl. https://de-de.facebook.com/about/privacy/update: „Wie verwenden wir diese Informationen?: Bereitstellung, Personalisierung und Verbesserung unserer Produkte: Wir verwenden standortbezogene Informationen – wie deinen aktuellen Standort, deinen Wohnort, die Orte, die du gerne besuchst, und die Unternehmen und Personen in deiner Nähe – um dir und anderen unsere Produkte, einschließlich Werbeanzeigen, bereitzustellen und diese zu verbessern. Standortbezogene Informationen können auf Dingen wie dem genauen Gerätestandort (wenn du uns gestattet hast, diesen zu erheben), IP-Adressen sowie Informationen aus der Nutzung von Facebook-Produkten durch dich und andere (wie besuchte Orte oder Veranstaltungen, an denen du teilgenommen hast) basieren".

334 „Wähle deine Zielgruppe", abrufbar unter https://pt-br.facebook.com/business/products/ads/ad-targeting.

335 Vgl. *A. Roßnagel*, Modernisierung des Datenschutzrechts für eine Welt allgegenwärtiger Datenverarbeitung,2005, 72.

schen Praxen von Facebook zu betrachten, ist es wichtig, den Ablauf der Selbstregulierung zu verstehen, der die Programmierung der Algorithmen dieser Plattform bedingt.

2.2 Selbstregulierung

Die erste von den Intermediären zur Legitimierung der Verwendung von Algorithmen und verfügbaren Daten benutzte Form ist die „Einwilligungserklärung". Aus Mangel an den Dateneinsatz begrenzenden Hauptkriterien schaffen Unternehmen wie Google und Facebook ein Einwilligungskriterium als legitimierenden Faktor dieses Einsatzes, um besonders von möglicher rechtlicher Haftung und Problemen mit Urheberrecht befreit zu sein, obwohl es allgemeine und vage Informationen über die Tragweite gibt.[336] Tatsächlich wäre dieser Einsatz zum einen eine Art Abonnementvertrag mit einer strukturellen Diskrepanz in der vertraglichen Form, ohne dass die Nutzer die Fähigkeit der Einschränkung der erforderlichen Bedingungen haben können, was eine technische Kontrolle ausschließlich im Rahmen eines umfassenden Dokumentes erlaubt.[337] Trotzdem lässt sich dieses Phänomen aus einer bestimmten Perspektive als eine Vertragskonstellation auffassen, in der zahlreiche geschlossene Verträge in einer einzigen Form vorliegen: ein Dreiecksverhältnis zwischen Unternehmen, Nutzern und anderen Nutzern. Die Gegenleistung des Dienstes ist keine Barvergütung, sondern die Übertragung der Informationsnutzung.[338] Die andere legitimierende Form ist die Facebook-Selbstregulierung, die in drei Schichten organisiert ist: in der obersten Schicht, in der die Facebook Principles festgelegt sind; in der mittleren Schicht, die die Nutzungsbedingungen als organisatorisches Element beinhaltet; und in den Basisschichten, in

336 Vgl. *W. Hoffmann-Riem*, „Verhaltenssteuerung durch Algorithmen – Eine Herausforderung für das Recht", 2017, 22. Im Falle von Facebook ist das abrufbar in https://de-de.facebook.com/about/privacy/update: „Was ist unsere Rechtsgrundlage für die Verarbeitung von Daten?: Wir erfassen, verwenden und teilen die uns zur Verfügung stehenden Daten auf die oben beschriebenen Arten: wie es zur Einhaltung unserer Facebook-Nutzungsbedingungen oder Instagram-Nutzungsbedingungen erforderlich ist; gemäß deiner Einwilligung, die du jederzeit über die Facebook-Einstellungen und Instagram-Einstellungen widerrufen kannst".

337 *W. Hoffmann-Riem*, „Verhaltenssteuerung durch Algorithmen – Eine Herausforderung für das Recht", 2017, 22-23.

338 Vgl. *K.-H. Ladeur*, Die Medienfreiheit im Netzwerk der Netzwerke. Neue Institutionen für neue Medien, 2017, 13.

der verschiedene regulatorische Formen festgeschrieben werden (z. B. Community-Zahlungsbedingungen, Richtlinien für Seiten, Gruppen und Veranstaltungen, Werberichtlinien, Zahlungsbedingungen, Gemeinschaftsstandards, Facebook-Plattform-Richtlinien).[339] In dieser Arbeit bilden die Gemeinschaftsstandards den Schwerpunkt, weil sich in ihnen die Kontrolle der Rechtsnormativität in der Programmierung befinden, die durch die Nutzermeldung und die von einem Cyber Court zu treffenden Entscheidungen möglich wird.

2.2.1 Facebook Principles

Die im Jahr 2009 aufgestellten Grundsätze[340] spielen eine Rolle für die Nutzungsbedingungen als vertragliches Instrument. Aus den Grundsätzen gehen die Aufgaben und Grundwerte von Facebook hervor, die tatsächlich ein verbindliches Rechtsinstrument sind und die Nutzungsbedingungen unterstützen. Selbst wenn die Facebook-Plattform in einer Mittel-Zweck-Beziehung agiert, ist sie nach Grundsätzen ausgerichtet, deren Reichweite durch gesetzliche Regelungen, die Technik und die entstehenden sozialen Normen kontrolliert werden muss, um diese Zwecke zu erreichen. Solche Grundsätze fußen auf Rechten und Pflichten bei der Nutzung der Facebook-Plattform. Die von Facebook verankerten Grundsätze umfassen Interessen im Zusammenhang mit Privatsphäre („2. Eigentum und Kontrolle über die Daten") und solche, die Transparenz, Verbindung und Freiheit des Teilens betreffen (Grundsätze 1, 3, 6, 7 und 10 und Präambel).[341] Diese Grundsätze stärken den Charakter von Facebook als Intermediäre, denn der Inhalt ist ausschließliches Eigentum der Nutzer und sie sind frei, alle Informationen zu teilen. Bemerkenswert ist, dass diese Charakteristik der Plattform nicht nur ermöglicht, festzustellen, was verboten ist und was nicht (z. B. Hassreden), sondern auch – selbst in indirekter Form – Meinungsfreiheit zu definieren.

Vom Grundsatz der „fundamentalen Gleichheit" ausgehend gewährleistet die Plattform auch die Gleichheit bei der Durchsetzung der Regeln, sei es gegenüber Nutzern, Werbetreibenden, Entwicklern, Organisationen oder auch anderen Unternehmen, die Vertretung von und Zugang zu Mitteilungen und Informationen im Facebook-Dienst haben können. Dabei

---

339 Vgl. *L. A. Bygrave*, Lex Facebook, 2015, 91.
340 Abrufbar unter https://www.facebook.com/principles.php
341 Vgl. *L. A. Bygrave*, Lex Facebook, 2015, 92.

ist auch zu beachten, dass die Grundsätze „Sozialer Wert“, „Gemeinnützigkeit“ und „Offene Plattformen und Standards” den Begriff „Gemeinschaftlichkeit“ bestimmen, der sich nicht lediglich auf die Gewährleistung der Meinungsfreiheit der Nutzer beschränkt, sondern auch die Möglichkeit, Reputation und Vertrauen durch die Nutzeridentität und -verbindung aufzubauen umfasst, die nicht frei von Bewertungen der Facebook-Erklärung der Rechte und Pflichten sind. Darüber hinaus ermöglicht der Begriff Gemeinschaftlichkeit, dass der Plattformzweck von den Nutzern wieder neu mit Inhalt gefüllt werden kann, weil die Plattform und ihre Standards eine offene Form, einhergehend mit veröffentlichten Spezifizierungen, haben müssen, die für alle verfügbar und zugänglich sind. Das mit den Nutzern und Unternehmen etablierte Vertrauensverhältnis ist Teil der Politik der bekanntesten Intermediäre, die im Fall von Facebook durch das Prinzip der „transparenten Prozesse“ repräsentiert wird. Nach der wegen des Problems der Datenerfassung bei Cambridge Analytica entstandenen Vertrauenskrise gewinnt dieser Grundsatz mehr und mehr an Bedeutung, um insbesondere die Veröffentlichung ihres Verfahrens zu legitimieren. Zwar bekräftigt der Grundsatz „Eine Welt“ die Abwesenheit einer staatlichen und geographischen Grenze, aber das verhindert keineswegs, seine rechtliche interne Grenze selbst zu ziehen und Facebook als einen Ort festzulegen.

2.2.2 Nutzungsbedingungen

Die Nutzungsbedingungen sind in fünf Teile untergliedert: 1. Unsere Dienste, 2. Unsere Datenrichtlinie und deine Privatsphäre-Einstellungen; 3. Deine Verpflichtungen gegenüber Facebook und unserer Gemeinschaft; 4. Zusätzliche Bestimmungen; 5. Sonstige möglicherweise für dich geltende Bedingungen und Richtlinien. In der Präambel heißt es hinsichtlich der Nutzungsbedingungen, dass sie die Nutzung von Facebook, „den von uns angebotenen Produkten, Features, Apps, Diensten, Technologien sowie der Software (die Facebook-Produkte oder Produkte) [regeln], außer, wenn wir ausdrücklich erklären, dass separate Nutzungsbedingungen (und nicht diese) gelten“. Es gibt ein Vertragsverhältnis, das bestimmt, dass, falls Fragen der Haftungsbeschränkung (Art. 4.3) und Streitfälle (Art. 4.4) nicht intern gelöst werden können, die Ansprüche vom Ort abhängen, und zwar davon, ob sich der Nutzer in Europa befindet („du kannst deinen Anspruch vor jedwedem Gericht in diesem Mitgliedsstaat klären lassen, das für den Anspruch zuständig ist”) oder an anderen Orten („In allen anderen Fällen stimmst du zu, dass der Anspruch vor einem zuständigen Gericht in

Irland zu klären ist und dass diese Nutzungsbedingungen sowie jedweder Anspruch irischem Recht unterliegen, und zwar ohne Rücksicht auf kollisionsrechtliche Bestimmungen").

Die Nutzungsbedingungen spezifizieren die Grundsätze näher. „Privatsphäre" und „Teilen deiner Inhalte und Informationen" (Art. 1 und 2) legen die Regelungen zum Schutz der Privatsphäre und zum geistigen Eigentum fest, indem sie den Einsatz der Daten bei Facebook, die Handlungen, die allen zugänglichen, veröffentlichten Inhalte und die Löschungsregeln bezüglich des von den Nutzern veröffentlichten Inhaltes erläutern. Der größte Teil der Richtlinie ist meist nicht auf die Nutzer ausgerichtet, sondern auf Facebook selbst. Das verhindert aber nicht, dass es einen Aspekt der Gegenseitigkeit in einigen dieser Vorschriften gibt, denn die Instrumente, die die Plattformfunktion der Unternehmen garantieren, verbieten z. B. das Hochladen rechtswidriger Inhalte, Spam oder Viren (art. 3.1-3.7).[342] In ähnlicher Weise antizipiert Art. 5 (Schutz der Rechte anderer Personen) auch einige Verhaltensregeln, die Nutzer befolgen müssen. Hier verdienen einige Vorschriften besondere Aufmerksamkeit. Art. 5.1 besagt: „Du postest keine Inhalte auf Facebook und führst keine Handlungen auf Facebook durch, welche die Rechte einer anderen Person verletzen oder auf sonstige Art rechtswidrig sind." Erwähnt werden sollte, dass diese Vorschrift die Verbindung zwischen Selbstbeschränkung der Plattform und der Rechtsordnung aufzeigt, weil die zugrundeliegende Idee ist, die Verhaltensanpassung der Nutzer sowohl an die internen Plattformvorschriften (z. B. Art. 5.2) als auch an die staatlichen Rechtsordnungen zu erreichen, mit der die Nutzer und die Plattform verbunden sind. Demnach versucht die Plattform aufzuzeigen, dass sie nicht ein Mittel für rechtswidrige Nutzung gemäß den Rechtsordnungen darstellt. Außerdem wird die Plattform zu einem gesteuerten normativen Hybrid, das die Technik der Programmierung umfasst, die rechtliche Werte durch Selbstregulierung und externe rechtliche Normativität bzw. Rechtsordnungen berücksichtigt.[343] Jede Änderung in der Selbstregulierung von Facebook wird kommuniziert,

---

342 Vgl. *L. A. Bygrave*, Lex Facebook, 2015, 92-93.

343 In Deutschland ist die Anpassung von Facebook an die deutsche Rechtsordnung detaillierter, wie man auf dieser Website sehen kann: https://pt-br.facebook.com/terms/provisions/german/index.php. Diese Anpassung ist das Ergebnis des NetzDG (BGB1. I S. 3352). In gewisser Weise wurden einige Maßnahmen von Facebook getroffen, insbesondere wenn es um Produktionsberichte und schnelle Antworten auf Meldungen rechtswidriger Inhalte geht. Trotzdem ergreift Facebook laut Monika Bickert, VP of Global Policy Management bei Facebook (Vortrag „Facebook Forum: Community Standards", abrufbar in

aber wenn man die Plattform weiterhin nutzt, akzeptiert man stillschweigend Änderungen (Art. 4.1). Im Fall von Löschung oder Deaktivierung des Facebook-Benutzerkontos „enden diese Nutzungsbedingungen zwar als Vereinbarung zwischen dir und uns, aber folgende Bestimmungen bleiben weiterhin bestehen: 3, 4.2 - 4.5" (Art. 4.2).

Ebenso wichtig wie Nutzungsbedingungen sind andere Vorschriften, die von bestimmten Themen auf Facebook handeln, wie z. B. Gemeinschaftsstandards (die erläutern, welche Inhalte hochgeladen werden können), Werberichtlinien (die Kriterien für Werbung festlegen) und Facebook-Plattform-Richtlinien (die Regeln für Entwickler und Betreiber einer Plattform-App oder -Webseite enthalten).[344] Andere Verhaltenskodizes liegen vor, aber sie umfassen in geringerem Ausmaß die Dimension der Programmierung und der Gemeinschaftsbeteiligung in der Programmierung. Die Grundsätze und die Nutzungsbedingungen wurden als Form des besseren Verständnisses der Gemeinschaftsstandards aufgefasst. Von ihnen ausgehend lassen sich intensiver die kulturellen Rechtsbereiche im Umfeld der Plattform betrachten. Durch diese Bereiche wird deutlicher, wie die Rechtsnormativität die Referenzialität, Gemeinschaftlichkeit und Algorithmizität einschränkt. Die Rechtsinkorporierung vermeidet destruktive Tendenzen in staatlichen Rechtsordnungen ebenso wie sie ermöglicht, dass aus der Plattformnutzung heraus autonome und kreative Gesellschaftssphäre mit interner Regulierung zusammenwirken können.

---

https://www.facebook.com/FacebookPolitik/videos/1678766945510685/), wegen der Notwendigkeit der schnelleren Antworten in Deutschland auf die Inhaltsbewertung und der gesetzlichen Vorgabe Maßnahmen, den Inhalt im Zweifelsfall zu löschen. Jedenfalls erscheint es plausibel, zu behaupten: „Dann gelten nicht nur die bislang völlig intransparenten Löschregeln von Facebook, sondern auch die unternehmensinterne rechtliche Interpretation deutscher Gesetze. Und da das deutsche Gesetz eine Strahlkraft auf andere Länder haben könnte, dürfte sich der Komplexitätsgrad mit weiteren solchen nationalen Gesetzen noch einmal erhöhen" (Markus Reuter, Facebooks intransparente Löschregeln auf einen Blick, 2017, abrufbar unter https://netzpolitik.org/2017/facebooks-intransparent e-loeschregeln-auf-einen-blick/).

344 Vgl. *L. A. Bygrave*, Lex Facebook, 2015, 94.

3 Gemeinschaftsstandards: Die Rechtsnormativität zwischen automatisierten Algorithmen und Cyber Courts

Die Gemeinschaftsstandards[345] bestehen aus sechs Teilen: I. Gewalt und kriminelles Verhalten; II. Sicherheit; III. Anstößige Inhalte; IV. Integrität und Authentizität; V. Wahrung des geistigen Eigentums; VI. Inhaltsbezogene Anfragen. In der Einleitung der Gemeinschaftsstandards wird Facebook als ein Ort charakterisiert, „an dem die Menschen sicher und unbesorgt miteinander kommunizieren können". Dieser Begriff und die Notwendigkeit, „unseren Dienst vor jeglicher Art von Missbrauch zu schützen" erlauben es, Standards zu entwickeln, die bestimmen, was auf Facebook gestattet ist und was nicht. Diese umfassenden Standards, die von der Ausdrucksweise auf der Plattform abhängen, können als spezifische Form der internen Analyse der Rechtsordnung bewertet werden, die die Nutzer verbindet. Zum Beispiel kann bezüglich der Eindämmung von Hassrede der Begriff von Meinungsfreiheit in den Standards enger gefasst sein als in der nordamerikanischen Rechtsordnung, ebenso wie er auch im Vergleich zu Ländern wie Saudi-Arabien weiter zu sein scheint .[346] Da eine Plattform den Rechtsordnungen zu entsprechen und gleichzeitig ihre eigenen Regeln aufzustellen versucht, wird die Plattform nicht unbedingt zu einer Rechtsordnung,[347] sondern zu einem hybriden Instrument, das sich aus rechtlichen, in der Gemeinschaft gebildeten Mitteln, aus rechtlichen Werten aus anderen Ordnungen und technischen Mitteln durch Programmierung und Einsatz der Algorithmen konstituiert: Norm, Normanwendung, Normdurchsetzung, Programmierung, Befehle an Apps, Nutzung der Apps und Umsetzung der Algorithmen sind auf der Plattform gleichzeitig

---

345 https://www.facebook.com/communitystandards/

346 Facebook macht diese Möglichkeit deutlich: „In Germany, for example, laws forbid incitement to hatred; you could find yourself the subject of a police raid if you post such content online. In the US, on the other hand, even the most vile kinds of speech are legally protected under the US Constitution", *R. Allan*, Hard Questions: Who Should Decide What Is Hate Speech in an Online Global Community?, 2017, abrufbar unter https://newsroom.fb.com/news/2017/06/hard-questions-hate-speech/ .

347 https://transparency.facebook.com/content-restrictions: „When something on Facebook or Instagram is reported to us as violating local law, but doesn't go against our Community Standards, we may restrict the content's availability in the country where it is alleged to be illegal. We receive reports from governments and courts, as well from non-government entities such as members of the Facebook community and NGOs. This report details instances where we limited access to content based on local law".

zwischen Recht und Technik angesiedelt und werden entsprechend verarbeitet. Für den Fall verbotener Verhaltensweisen können die Sanktionsmöglichkeiten von Benachrichtigung, der Entfernung der entsprechenden Inhalte, dem Versehen verstörender Fotos oder Videos mit einer Warnung bis zur Deaktivierung des Profils oder Zusammenarbeit mit Strafverfolgungsbehörden reichen.[348] Also hängt die Sanktionsdurchsetzung von einer objektiven (programmierte Algorithmen) und intersubjektiven Bewertung (Kontextbewertung) ab.

Zur Verdeutlichung dieser Zusammenhänge kann Teil I, Art. 1 (Glaubhafte Gewaltabsichten) beitragen: „Daher achten wir möglichst auch immer auf Sprache, Kontext und Details, um saloppe Bemerkungen von Inhalten zu unterscheiden, die eine glaubhafte Bedrohung für die öffentliche oder persönliche Sicherheit darstellen." Es ist ersichtlich, dass die Kontext- und die Absichtsbewertung den menschlichen Beitrag durch flaggings (Nutzermeldungen) und/oder durch spezifische Plattformkommissionen erfordern. Gemäß Teil III, Art. 12 (Hassreden) kann die Kontextualisierung auf besondere Kriterien rekurrieren: „Manchmal teilen Menschen Inhalte, die die Hassrede einer anderen Person enthalten, um für ein bestimmtes Thema zu sensibilisieren oder Aufklärung zu leisten. So kann es vorkommen, dass Worte oder Begriffe, die ansonsten gegen unsere Standards verstoßen könnten, erklärend oder als Ausdruck von Unterstützung verwendet werden. Dann lassen wir die Inhalte zu, erwarten jedoch, dass die Person, die solche Inhalte teilt, ihre Absicht deutlich macht, so dass wir den Hintergrund besser verstehen können." Anders als die Hassreden umfasst die Kontextbewertung der Fake News nicht die Entfernung von ihnen, denn es „besteht nur ein schmaler Grat zwischen Falschmeldungen und Satire oder Meinungen". Infolgedessen reduziert die Plattform „stattdessen ihre Verbreitung erheblich, indem wir sie weiter unten im News Feed anzeigen" und bietet die Zusammenarbeit mit Wissenschaftlern und anderen Organisationen zur Unterstützung bei der Bewältigung dieser Herausfor-

348 Community Standards Enforcement Preliminary Report, abrufbar unter https://transparency.facebook.com/community-standards-enforcement. Das Verständnis des Verstoßes ist mit der Form verbunden, wie Facebook feststellt, um in seinem Bericht zu resümieren: „We consider prevalence to be a critical metric because it helps us measure how many violations impact people on Facebook. We measure the estimated percentage of views that were of violating content. (A view happens any time a piece of content appears on a user's screen)".

derung.[349] Also liegt die Entscheidung, solchen Informationen zu vertrauen oder nicht, bei den Nutzern.

Facebook verwendet auch andere mit Plattformdiensten verbundene Adressen, um Konzepte oder auf der Plattform gestattetes oder verbotenes Verhalten zu beleuchten, so dass das Verständnis der Kontextbewertung deutlich wird. Im Fall der Hassreden verwendet Facebook einen „Newsroom“, um zu demonstrieren, was unter dem Begriff Hassrede verstanden wird: „Our current definition of hate speech is anything that directly attacks people based on what are known as their 'protected characteristics' — race, ethnicity, national origin, religious affiliation, sexual orientation, sex, gender, gender identity, or serious disability or disease."[350] Die Idee von KI ist in der Kontext- und Absichtsbewertung der Nutzerposts noch nicht praktikabel. Laut Bickert wird terroristische Propaganda bei Facebook in 99,5 % der Fälle identifiziert, bevor sie die Nutzer erreicht, weil Facebook mit „third-party providers“ arbeitet, die den Inhalt im Voraus überprüfen. Trotzdem können in Bezug auf Hassreden nur 38 % der Inhalte dem Nutzerzugriff entzogen werden, weil sie von „flaggings“ der Nutzer abhängen.[351] Dementsprechend versteht Facebook die Nutzer auch als „Augen“ der Plattform, denn sie spielen eine Rolle dabei, mögliche Verstöße bei der Gruppe der Reviewer zu melden.[352] Die Funktion der Nutzergemeinschaft wird durch die Plattform komplexer, weil die Nutzer sie nicht nur verwenden, sondern auch die Anwendung der Normativität ihrer Ge-

---

349 Abrufbar unter https://de-de.facebook.com/communitystandards/integrity_authenticity/false_news/. Bei dieser Form stieß Facebook auf Kritik, weil es „in der Gestaltung seiner Newsfeed-Algorithmen völlig intransparent" war, in: Alexander Fanta, Fake News hängen in Frankreich auf Facebook mitunter seriöse Quellen ab, abrufbar in https://netzpolitik.org/2018/fake-news-haengen-in-frankreich-auf-facebook-mitunter-serioese-quellen-ab/.

350 *R. Allan*, Hard Questions: Who Should Decide What Is Hate Speech in an Online Global Community?, 2017, abrufbar unter https://newsroom.fb.com/news/2017/06/hard-questions-hate-speech/. Die Regeln, die davon handeln, welche Hassreden verboten sind und welche nicht, sind nach ständiger Kritik an der Intransparenz dieser Kriterien veröffentlicht worden, siehe etwa *M. Reuter, Facebooks Löschregeln*: „Asylanten raus“ ist erlaubt, „Muslime raus“ ist verboten, 2016, abrufbar unter https://netzpolitik.org/2016/facebooks-loeschregeln-asylanten-raus-ist-erlaubt-christen-raus-ist-verboten/.

351 Vortrag „Facebook Forum: Community Standards", abrufbar unter https://www.facebook.com/FacebookPolitik/videos/1678766945510685/

352 Vgl. *R. Allan*, Hard Questions: Who Should Decide What Is Hate Speech in an Online Global Community?, 2017, abrufbar unter https://newsroom.fb.com/news/2017/06/hard-questions-hate-speech/ .

meinschaftsstandards und die Programmierung der Algorithmen selbst aktualisieren.

Um eine Nachricht zu löschen, ist es wichtig zu wissen, in welcher Form sie veröffentlicht wurde, d. h., ob es sich um einen Text, ein Bild oder ein Video handelt. Wie bereits angedeutet, ist der Nutzerbeitrag wichtig für die Kontextbewertung, was keineswegs ausschließt, dass z. B. der Algorithmus schon dahingehend programmiert ist, Bilder zu identifizieren, ohne dass der Kontext unbedingt verstanden wird, wie etwa bei Nacktbildern. In diesem Fall ist es üblich, dass die entsprechend programmierten Algorithmen, die nackte Körper im Voraus erkennen, greifen und folglich der Post gelöscht wird, so wie in Teil II, Art. 7 (Nacktdarstellung von Kindern und deren sexuelle Ausbeutung) beschrieben: „[...] Wir wissen, dass Nutzerinnen und Nutzer manchmal in bester Absicht Nacktfotos ihrer eigenen Kinder teilen. Allerdings entfernen wir diese Bilder generell, da sie die Möglichkeit des Missbrauchs durch Dritte eröffnen. So möchten wir verhindern, dass Dritte die Bilder weiterverwenden bzw. widerrechtlich verwenden." Der programmierte Algorithmus kann Nacktfotos von Kindern erkennen, wenn „sichtbare Genitalien, sichtbarer After und/oder Nahaufnahmen von vollständig nacktem Gesäß, Freiliegende Brustwarzen bei Mädchen, die älter als im Kleinkindalter sind; Kinder, die vom Hals bis zu den Knien unbekleidet und älter als im Kleinkindalter sind; Digital erstellte Abbildungen von nackten Minderjährigen, sofern die Abbildungen nicht zu Gesundheits- oder Bildungszwecken dienen",[353] erscheinen. Der Algorithmus trägt dazu bei, der Rechtsnormativität im sozialen Netzwerk in Echtzeit Rechnung zu tragen.[354] Auf Basis des Community Standards Enforcement Preliminary Report kann man bemerken: Je weniger Kontextabhängigkeit besteht, desto einfacher erkennt der Algorithmus eine Verletzung vor jeglichem flagging. Zwischen Januar und März lag der Prozentsatz vor dem flagging durch die Nutzer erkannter Daten expliziter Gewalt bei 85,6 % (Nacktdarstellung Erwachsener und sexuelle Aktivität 95,8 %).[355] Wenn ein Foto oder Video wegen des Verstoßes gegen Gemeinschaftsstandards gelöscht wird, wird der Nutzer benachrichtigt und hat die Gelegenheit, zu dieser Entscheidung Stellung zu nehmen (die z. B. Resultat eines Algorithmus sein kann, der Nacktheit erkannt hat). Die Revision

---

353 Abrufbar unter https://de-de.facebook.com/communitystandards/safety/child_nudity_sexual_exploitation

354 Vgl. *K.-H. Ladeur*, Recht – Wissen – Kultur, 2016, 178.

355 Abrufbar unter https://transparency.facebook.com/community-standards-enforcement#hate-speech

erfolgt bei einer Person innerhalb von 24 Stunden und falls die Plattform den Fehler zur Kenntnis genommen hat, wird der Nutzer benachrichtigt und der Post wird wiederhergestellt. Selbst dieser Algorithmus, der die Vorsortierung in der Programmierung verankert hat, kann durch die Kontextualisierung der Nutzer verbessert werden: „We are working to extend this process further, by supporting more violation types, giving people the opportunity to provide more context that could help us make the right decision, and making appeals available not just for content that was taken down, but also for content that was reported and left up."[356]

Wie bereits angedeutet kann die Plattform den Behörden melden, wenn ein Verbrechen vorliegt. Als globale Plattform kann sie jedoch in transkulturelle Interessenskonflikte geraten, deren kontextuelle und absichtliche Bewertung schwieriger wird, d. h. Kontext und Intentionalität sind dann unerlässlich. Man nehme als Beispiel eine Gruppe mit aus mehreren Ländern stammenden Mitgliedern, in der ein israelischer in den USA befindlicher Nutzer etwas gegen den Staat Palästina postet. Verärgert über den Post meldet ein palästinensischer, in Deutschland befindlicher Nutzer an Facebook, dass der betreffende Post Hassreden zum Inhalt hat. Da die Kriterien keiner der Rechtsordnungen aus Deutschland, den USA, Palästina oder Israel entnommen werden können, muss Facebook zu einer den kontextuellen und intentionalen Aspekt beachtenden Bewertung kommen, die im Sinne der eigenen veröffentlichten Kriterien ist. Das schließt die Beteiligung von Experten aus der ganzen Welt nicht aus, so dass Akademiker, Nichtregierungsorganisationen, Forscher und Juristinnen von Bedeutung sind, um die Genauigkeit der Kontextualisierung und Absicht zu verbessern.[357] In diesem Fall wird angesichts der vermittelten Konflikte die Entscheidungszentralität der Gemeinschaftsstandards deutlich. Diese Entscheidungszentralität kann als Cyber Court verstanden werden, der feststellt, was z. B. Hassreden sind und was nicht.

Es ist kein Zufall, dass Intermediäre wie Facebook autonome Entscheidungsformen entwickeln, deren Peripherie zwischen Rechtsnormen und sozialen Normen angesiedelt ist. Die staatlichen Gerichte verfügen über

---

356 *M. Bickert*, Publishing Our Internal Enforcement Guidelines and Expanding Our Appeals Process, 2018, abrufbar unter https://newsroom.fb.com/news/2018/04/comprehensive-community-standards/

357 Vgl. *M. Bickert*, Publishing Our Internal Enforcement Guidelines and Expanding Our Appeals Process, 2018, abrufbar unter https://newsroom.fb.com/news/2018/04/comprehensive-community-standards/. Siehe auch *T. Lyons*, Hard Questions: How Is Facebook's Fact-Checking Program Working?, abrufbar in https://newsroom.fb.com/news/2018/06/hard-questions-fact-checking/.

keine Infrastruktur sozialer Normen, um die Meinungsfreiheit in einer Gemeinschaft ordnungsgemäß thematisieren zu können, die durch eine Plattform verknüpft wird. Demnach kann das traditionelle Rechtsverfahren einem Gegenstand nur schwer gerecht werden, der offener Diskussion ausgesetzt und nicht dauerhaft stabilisiert werden muss.[358] Diese Entscheidungsstruktur versucht, weder die staatlichen Gerichte zu ersetzen, noch die Verantwortung der Intermediäre zu negieren, sondern eine Struktur darzustellen, die zwischen Nutzern und/oder Dritten entstandene Konflikte klären kann. Sie ist eine Institution ähnlich einem Schiedsgericht, das Einzelfallprüfung aufgrund des Kontextes entscheidet, während vereinfachte Verfahren und eine besondere Form der Selbstbeschränkung mit speziellen Regeln hinzukommen. Diese entsprechen nicht immer explizit den Gemeinschaftsstandards, aber man kann implizite Regeln in den auf der Plattform entfalteten Interaktionen durch die bei den Nutzern vereinbarte Normalitätserwartungen in ihren „technisch-sozialen" Kontexten finden.[359] Wenn Facebook programmiert, um z. B. die Nacktdarstellung von Kindern nicht sichtbar werden zu lassen, trägt es dazu bei, gewissermaßen potentielle gerichtliche Ansprüche zwischen Nutzern und/oder Betreiber zu vermeiden. Die technischen Lösungen juristischer Probleme außerhalb der staatlichen Gerichte stellen keine Verweigerung der Rechtsnormativität dar, sondern eine Verflechtung von dieser und technischen Praxen.

Im Vortrag „Facebook Forum: Community Standards"[360] behauptet die Vice-President of Global Policy Management bei Facebook, Monika Bickert, dass diese Standards nicht immer in Bezug auf die Benutzer zu sehen sind: „We have to work with the people on the ground to understand what suicide promotion looks like in this areas [Brasilien und Indien]." Falls sich die Situation an diesen Orten verändert, müssen die betreffenden Standards beibehalten werden. So sind laut Bickert 7.500 Prüfer im Revisionsbereich mit 11 Büros auf der ganzen Welt beschäftigt (in Deutschland sind es 2.000 Prüfer bis Ende 2018) und arbeiten nicht ausschließlich mit lokalen Inhalten der Orte, an denen die Büros gelegen sind. Die Anforderung ist, dass die Prüfer die zur Überprüfung nötige Sprachkenntnis haben. Wenn die Nutzer unangemessene Inhalte gemäß den Gemeinschaftsstandards melden, muss diese Meldung von einem der 7.500 Prüfer (die verschiedener Herkunft sind und mehr als eine Sprache sprechen) bewer-

358 Vgl. *K.-H. Ladeur*, Die institutionelle Dimension der Grundrechte, s. 9.
359 Vgl. *K.-H. Ladeur*, Die institutionelle Dimension der Grundrechte, s. 16-18
360 Abrufbar unter https://www.facebook.com/FacebookPolitik/videos/1678766945510685/

tet werden.[361] In diesem Interpretationsprozess bringt die Nutzermeldung nicht nur den Wunsch nach Sanktion und die normativen Erwartungen der ursprünglichen Rechtsordnungen zum Ausdruck, sie wird auch im Einklang mit den Verhaltenserwartungen innerhalb der Plattform interpretiert. Diese befindet sich innerhalb eines Begriffs der symbolischen und imaginären Ordnung im Medium der Kultur, was ein Ordnungsgefühl auf relationaler Ebene hervorbringt. Die Plattform selbst pflegt ein Spektrum von Praxen, die in der Dynamik der Kommunikation eine normative Semantik selbst stabilisieren, wie etwa in einer „community of practice", aber sie ist nicht in sich selbst vollständig geschlossen: Sie ist kognitiv und normativ für „Irritationen" durch die institutionelle Wirklichkeit offen, von der die Plattformnutzer ein Teil sind.[362] Es ist also derselbe Ort, an dem man die Inhalte veröffentlicht, anficht und entscheidet, nämlich die Plattform Facebook.

Aufgrund externen Drucks zur Änderung in der Programmierung der Intermediäre (siehe NetzDG) oder zur Inkorporierung der rechtlichen Inhalte durch Selbstregulierung (oder Selbstbeschränkung) tritt die Bedeutung solchen Inhalts in den internen technischen Praxen der Plattformnutzung zutage. Trotzdem tritt der destruktive Effekt mit der Abwesenheit dieses Inhalts in der Programmierung deutlicher hervor. Dementsprechend soll hier auf The Onion Router (TOR) fokussiert werden, der als Instrument des Zugangs zum Deep Web (oder Dark Web) und als Beispiel für ein technisches Mittel bekannt ist, dessen Möglichkeiten der Anonymisierung eine Herausforderung für Rechtsordnungen darstellen.

---

361 *M. Bickert*, Publishing Our Internal Enforcement Guidelines and Expanding Our Appeals Process, 2018, abrufbar unter https://newsroom.fb.com/news/2018/04/comprehensive-community-standards/. *R. Allan* verteidigt auch den Begriff: „We'll keep learning more about local context and changing language. And, because measurement and reporting are an important part of our response to hate speech, we're working on better ways to capture and share meaningful data with the public", in Hard Questions: Who Should Decide What Is Hate Speech in an Online Global Community?, 2017, abrufbar unter https://newsroom.fb.com/news/2017/06/hard-questions-hate-speech/.

362 Vgl. *T. Vesting*, Rechtstheorie: Ein Studienbuch, 2015, 113-115.

4 Die Anonymität durch TOR: Zwischen Verteidigung und Gefährdung der Rechtsordnungen

Das Internet fordert von seinen Nutzern in der Regel zwei Elemente: Identität und Authentizität.[363] Obwohl in der „offline“-Welt die Identifizierung und Authentizität leichter zu verifizieren sind, gibt es in der online-Welt einige Spuren, die auf Urheberschaft und Standort eines Nutzers hindeuten. Es steht außer Frage, dass die Präzision reduziert wird, mit der sich bestimmen lässt, von wem tatsächlich die Maschine genutzt wird, der der ISP (Internet Server Provider) die IP zuweist, aber es ist möglich festzustellen, zu welcher Uhrzeit und an welchem Standort der mögliche Nutzer war und welche „Datenspuren“ er zurückgelassen hat. Immerhin kann man mit dem Netz The Onion Router (TOR) die Herkunft des Zugriffs verschleiern – ein Netzwerk, das die Privatsphäre mittels eines besonderen Browsers schützt, der die IP-Identifikation unmöglich macht. Ursprünglich von der U.S. Navy mit dem Ziel der Absicherung der Kommunikation entwickelt, wird TOR heute nicht mehr von der US-Regierung kontrolliert. Tatsächlich wird das Programm vom TOR Project – einer Nichtregierungsorganisation in den USA – kontrolliert, die von bestimmten Sponsoren finanziert wird.[364] Man kann aber feststellen, dass TOR gewissermaßen von keiner Entität kontrolliert wird, sondern von jeglicher Person mitgestaltet wird, die über die technische Leistungsfähigkeit verfügt, das Programm zu testen und zu verbessern. Bezeichnen lässt sich das als ein „network of virtual tunnels that allows people and groups to improve their privacy and security on the Internet”.[365] Wenn TOR auf dem Computer installiert wird, wird die Anonymität der Nutzeraktivität im Netz durch einen anonymen Proxy (Vermittlungsserver) ermöglicht. Also haben die (nicht anonymen) Server nur Zugang zu Exit-Knoten (exit nodes) von TOR, denn die Daten sind automatisch verschlüsselt, was die Zuweisung einer fremden IP-Adresse ergibt: Bei der Suche nach einer Website (mit Pseudo-TLD .onion) des TOR-Netzwerkes gibt es Informationszugang, aber niemand weiß, wer diese Informationen im Netz gesucht oder gesendet hat.

TOR ermöglicht die Kommunikation zwischen Gruppen von Exkludierten, die Gewalt und Drohungen ausgesetzt sind, oder Gruppen, die an

363 Vgl. *L. Lessig*, Code Version 2.0., 43

364 Abrufbar unter https://www.torproject.org/about/sponsors.html.en.

365 Abrufbar unter https://www.torproject.org/about/overview.html.en Consultado em 01/03/2014.

einem Ort leben, wo die Meinungsfreiheit eingeschränkt ist. Dies sind Beispiele, bei denen die Information verbreitet wird, man aber nicht genau sagen kann, wer der Nutzer ist.[366] Trotzdem erweist sich eine Schicht von TOR als gefährlich, die allgemein als „Darknet“ bekannt ist. TOR ist ein Werkzeug, das für ganz verschiedene Zwecke genutzt werden kann, so wie ein Messer sowohl zum Schneiden von Fleisch als auch zu einem Mordversuch dienen kann. Aufgrund des anonymen Charakters von TOR sind kriminelle Aktivitäten an diesem Ort häufig: von Diebstahl von Kreditkartendaten bis hin zu Kinderpornographie.[367] TOR ist ein Mittel, das die Ausübung von Meinungsfreiheit genauso wie kriminelle Praktiken erleichtert: Dies alles unter dem Schutz der vom Programm bereitgestellten Anonymität.

Die Anonymität „lässt sich verstehen als Zustandsbeschreibung in einer intersubjektiven Handlungssituation, in der es unmöglich ist, eine Handlung oder Kommunikation, die selbst sichtbar ist, einem Individuum oder Subjekt korrekt zuzuordnen und es hierdurch über diesen Kontext hinaus erreichbar/verantwortlich zu machen".[368] Es lässt sich bei Anonymität eine horizontale Dimension ausmachen, die von einem gleichwertigen Verhältnis zwischen Leuten oder Gruppen kennzeichnet ist, „insbesondere jenen, die eine Handlung/Kommunikation direkt beobachten"; und eine vertikale Dimension, d. h., Anonymität angesichts der Institutionen oder Organisationen, „die über größere Ressourcen und Macht verfügen und sich daher in einem asymmetrischen, Beherrschung ermöglichenden Verhältnis zu den Individuen in einer Handlungssituation befinden".[369] Auf gewisse Weise ist der digitale Ort eine zweischneidige Waffe: Er erlaubt den Zugang zu Grundrechten, während er den Zugang zur Rechtswidrigkeit erleichtert. Dies liegt daran, dass es fast unmöglich ist, die Adressierung der Rechtspersönlichkeit festzustellen, was auch Haftung für die Handlung eines Nutzers verhindert. Die Herausforderung ist, durch die Programmierung von TOR die Anonymität mit einer Semantik der Grundrechte zu verbinden, insbesondere der Meinungsfreiheit und des Rechts auf Privatsphäre, so dass die Kraft und Autonomie der Zivilgesellschaft angesichts

---

366 Vgl. *G. Owen*; *N. Savage*, The Tor Dark Net, Global Commission on Internet Governance, 2015, 2.

367 Mehr Details in *C. Soghoian*, The Problem of Anonymous Vanity Searches, 2007-2008, 311; *D. Croft*, Encryption, Privacy and the Dark Side of the Internet ,2013, 514; *D. Dion*, I'll gladly trade you two bits on Tuesday for a byte today: Bitcoin, regulating fraud in the Economy of hacker-cash, 2013, 166.

368 *T. Thiel*, Anonymität und Demokratie, 152.

369 *T. Thiel*, Anonymität und Demokratie, 2017, 153.

des Staates nicht zurückgedrängt wird.[370] Gleichzeitig ist eine Form vonnöten, durch die die Anonymität in ihrer Programmierung inkorporiert, dass kriminelle Handlungen verboten sind, so dass die Gemeinschaft selbst die Kontrolle übernehmen könnte, während die staatlichen Ordnungen nur Partner dieser Kontrolle wären.

Im Vergleich zu Facebook sind die TOR-Nutzer zwar nicht an interne Normen gebunden, aber sie sind kulturellen Bedingungen der Nutzergemeinschaft und technischen Bedingungen des Programms selbst verpflichtet. Trotz der schwierigen Gestaltung eines vollumfänglichen Rechtsverhältnisses zwischen Anonymität und Rechtsordnungen lassen sich selbst auf einer Plattform wie TOR Hacktivisten finden, die nach interner Kontrolle suchen, ohne die exklusive Intervention der staatlichen Ordnungen zu verlangen. Dies war der Fall beispielsweise als die Gruppe Anonymous die Identität einiger Nutzer enthüllte, die Kinderpornographie im Netz erwarben, verbreiteten oder besaßen.[371] Dadurch wurde deutlich, dass interne Nutzerbewegungen nach einer Lösung für die rechtswidrige Ausnutzung der Anonymität suchen. Schließlich wird in diesem Kapitel die große Bedeutung der Inkorporierung rechtlicher Werte durch die Selbstlimitierung klar: Während rechtliche Werte in der Facebook-Programmierung dadurch Bedeutung erlangen, dass Konflikte mit Rechtsordnungen vermieden werden, verschärft das Nichtvorhandensein dieser Werte bei TOR den destruktiven Effekt, den dieses Netz den rechtlichen Ordnungen zufügen kann.

370 Dazu siehe *A. Fischer-Lescano*, „Mäßigung der Verhältnismäßigkeit. Whistleblowing im transnationalen Recht", 2014, 435-457; englische Übersetzung: Putting proportionality in proportion: Whistleblowing in Transnational Law, 2016, 324-346, abrufbar in https://www.jura.uni-bremen.de/people/andreas-fischer-lescano/publications/.

371 Vgl. *S. Gallagher*, Anonymous takes down darknet child porn site on Tor network, 10/24/2011, abrufbar unter https://arstechnica.com/information-technology/2011/10/anonymous-takes-down-darknet-child-porn-site-on-tor-network/.

Fazit

Die vorliegende Untersuchung kann in drei Punkten zusammengefasst werden:

1) Das Internet verstärkt die mit der Globalisierung ohnehin einhergehende Segmentierung der Staaten. Mithilfe der Architektur des Internets wird die Staatsterritorialität sowohl verschoben als auch multipliziert: Neue Programme können eine Gemeinschaft von Benutzern zusammenbringen, die rund um die Plattform neue Regeln und Praktiken hervorbringen, mit denen sie der Kontrolle des Staates entgehen können. Die Netzwerkarchitektur ermöglicht zudem die Entstehung neuer privater Akteure, deren Standards und regulatorische Fähigkeiten auch die Staaten binden. Dies macht den Staat eher zu einem Akteur neben anderen, was eine Handlungsweise erfordert, die nicht ausschließlich auf Politik, sondern auch auf Technik basiert. Der Staat beeinflusst und wird durch technische Akteure darin beeinflusst, was er in einen Netzwerkkontext stellt, d. h., der Staat wird zu einem Netzwerkstaat. Im Netzwerkkontext aber soll die staatliche Rechtsordnung die technischen Inhalte in ähnlicher Weise inkorporieren, wie die Intermediäre bereits die staatliche Rechtsnormativität inkorporieren.
2) Der Staat kann als ein Akteur unter anderem Druck ausüben, um die technischen Praktiken zu verändern, insbesondere um den Prozess der Programmierung bei den Intermediären zu beeinflussen. Ein derlei externer Druck der Staaten ist aber möglicherweise für ihre Zwecke nicht immer ausreichend, da die Staaten nicht immer bereit sind, die innovative Logik der Intermediäre zu verstehen. Darüber hinaus kann die um eine Plattform versammelte Gemeinschaft neue Formen der Normativität schaffen, was eine andere Form von Recht als Wert impliziert, der nicht nur in einer systemischen Logik, sondern auch in einem kulturellen Kontext eingebettet ist.
3) Die Programmierung ist die Form, die den Kontakt zwischen der Rechtsnormativität und der technischen Dimension des Algorithmus ermöglicht: Die kulturelle Dimension des Rechts tritt in den Programmierungsprozess ein – ein normatives Hybrid, in dem Norm, Normanwendung, Vorsortierung der Programmierung und Umsetzung der Algorithmen verquickt sind. Die Gemeinschaftsstandards von Facebook sind ein Beispiel dafür, wie Rechtsnormativität durch Programmierung

und Algorithmen verarbeitet wird: Durch programmierte Algorithmen und Cyber Courts, die aus der Kontextualisierung von Posts heraus mit Hilfe der Nutzergemeinschaft entscheiden, verhindert die Plattform, dass verbotene Publikationen (z. B. Kinderpornografie, Gewaltbilder, Hassrede) nicht nur für Rechtsordnungen sichtbar und destruktiv werden, sondern auch für das Netzwerk als Ganzes. Während das Beispiel des Vorhandenseins rechtlicher Normativität in der Programmierung bereits wichtig ist, ist das Fehlen von Normativität darin vorbildlich, da die Technik ein Mittel ist, von der Rechtsnorm abzuweichen. Das ist der Fall bei „The Onion Router“: einem Programm, das Anonymität ohne angemessene Kontrolle ermöglicht.

Literaturverzeichnis

Aleinikoff, Thomas Alexander, Sovereignty Studies in Constitutional Law: A Comment, 17 Constitutional Commentary 197 (2000), 202.

Alhogbani, Abdulmajeed, Going Dark: Scratching the Surface of Government Surveillance, in: 23 CommLaw Conspectus, 2014-2015, S. 469-501.

Allan, Richard, Hard Questions: Who Should Decide What Is Hate Speech in an Online Global Community?, 2017, abrufbar in https://newsroom.fb.com/news/2017/06/hard-questions-hate-speech/.

Assmann, Jan, Das kulturelle Gedächtnis: Schrift, Erinnerung und politische Identität in frühen Hochkulturen. München: Beck, 1992.

Auray, Nicolas, Online Communities and governance mechanisms, in Governance, Regulations and Powers on the Internet, Eric Brousseau, Meryem Marzouki and Cécile Méadel (Hrsg.). Cambridge University Press: Cambridge, 2012, S. 211-231.

Bello, Pablo/ Jung, Juan, Net neutrality: Reflections on the current debate. Paper series No. 13. Global Commission on Internet Governance. (May 2015) https://www.cigionline.org/publications/netneutrality-reflections-current-debate

Bickert, Monika, Publishing Our Internal Enforcement Guidelines and Expanding Our Appeals Process, 2018, abrufbar in https://newsroom.fb.com/news/2018/04/comprehensive-community-standards/

Borges, Luana Chystyna Carneiro, Regulação e camada física da Internet: análise quanto à intervenção regulatória à luz da teoria neorrepublicana, Revista de Direito Setorial e Regulatório, Brasília, v. 4, n. 1, maio 2018, S. 189-212.

Bostoen, Friso, Neutrality, fairness or freedom? Principles for platform regulation, Internet Policy Review 7.1, 2018, Web. 15 Apr. 2018. abrufbar in: https://policyreview.info/articles/analysis/neutrality-fairness-or-freedom-principles-platform-regulation

Botzem, Sebastian/ Quack, Sigrid, Contested rules and shifting boundaries: International standard setting in accounting, WZB Discussion Paper, No. SP III 2005-20.1, 2005.

Boyd, Danah M./ Ellison, Nicole B., Social Network Sites: Definition, History and Scholarship, 13 Journal of Computer-Mediated Communication, 2008, 210-230.

Brousseau, Eric/ Marzouki, Meryem/ Méadel, Cecile, Governance, networks and digital technologies: societal, political and organizational innovations, In: Governance, Regulation and Powers on the Internet. Cambridge UP, 2012, S. 3-36.

Bullinger, Gyde Maria, Aktueller Begriff: Netzneutralität, 2010, https://www.bundestag.de/blob/491848/4f591c0d60b74fd18d6c507a60bcdf17/netzneutralitaet-data.pdf

Bygrave, Lee A, Internet Governance by Contract. Oxford University Press, Oxford, 2015.

Chivvis, Matthew, Reexamining the Yahoo - Litigations: Toward an Effects Test for Determining International Cyberspace Jurisdiction, 41 University of San Francisco Law Review, 2007, S. 699-726.

Cogburn, Derrick L, Chapter 2 – The Multiple Logics of Post-Snowden of Reconstructuring of Internet Governance. In The Turn to Infrastructure in Internet Governance. Francesca Musiani, Derrick L. Cogburn, Laura DeNardis, Nanette S. Levinson (Hrg.), Palgrave Macmillan, 2016.

Cohen, Julie E., Cyberspace as/and Space, 107 Columbia Law Review, 2007, S. 210-256.

Commission on Global Governance. Our Global Neighborhood, 1995. Abrufbar unter: https://www.gdrc.org/u-gov/global-neighbourhood/chap1.htm

Company, Biel, A Public Law Approach to Internet Standard Setting. In: Goettingen Journal of International Law 7 1, 2016, S. 49-94.

Croft, Duane, Encryption, Privacy and the Dark Side of the Internet, In: The Oklahoma Bar Journal, Vol. 84, No. 8, 2013, S. 511-515.

De Filippi, Primavera, Foreign Clouds in the European Sky: how US Laws affects the privacy of Europeans, In: Encore the Annual Research Magazine of the Alexander von Humboldt Institute for Internet and Society, 2013, S. 64-73.

De Souza, Carlos Affonso Pereira de/ Moniz, Pedro de Paranaguá/ Vieira Junior, Sérgio Branco, Neutralidade da rede, filtragem de conteúdo e interesse público: reflexões sobre o bloqueio do site Youtube no Brasil, Abrufbar unter http://bibliotecadigital.fgv.br/dspace/bitstream/handle/10438/2795/Neutralidade_da_Rede_Filtragem_de_Conteudo_e_Interesse_Publico.pdf?sequence=1.

Denardis, Laura, The Global War for Internet Governance, Yale University Press, 2014.

Denardis, Laura/ Musiani, Francesca, Governance by Infrastructure, In: The Turn to Infrastructure in Internet Governance, Francesca Musiani, Derrick L. Cogburn, Laura DeNardis, Nanette S. Levinson (Hrg.), Palgrave Macmillan, 2016, 288.

di Fabio, Udo, Das Recht offener Staaten. Tübingen: Mohr Siebeck, 1998.

Dion, Derek A., I'll gladly trade you two bits on Tuesday for a byte today: Bitcoin, regulating fraud in the Economy of hacker-cash, In: University of Illinois Journal of Law, Technology & Policy, 2013.

Druzin, Bryan H., Social Norms as a Substitute for Law, 79 Albany law review, 2015, 67-100.

Ernst, Christian, Algorithmische Entscheidungsfindung und personenbezogene Daten Privatdozent, In: Juristen Zeitung 72(21), 2017, S. 1026-1036.

Esposito, Elena, Artificial Communication? The Production of Contingency by Algorithms Artifizielle Kommunikation? Die Produktion von Kontingenz durch Algorithmen, In: 46(4 Zeitschrift für Soziologie, 2017, S. 249–265.

Fahrig, Thomas, Suchmaschinen - Eine industrieökonomische Analyse der Konzentration und ihrer Ursachen, Dissertationsschrift zur Erlangung des akademischen Grades Doctor rerum politicarum, 2014, abrufbar in https://d-nb.info/1079840532/34.

Fanta, Alexander, Fake News hängen in Frankreich auf Facebook mitunter seriöse Quellen ab, abrufbar in https://netzpolitik.org/2018/fake-news-haengen-in-frankreich-auf-facebook-mitunter-serioese-quellen-ab/

Ferguson, Niall, The Square and the Tower: Networks, Hierarchies and the Struggle for Global Power, London: Penguin Books, 2017.

Fischer-Lescano, Andreas, Mäßigung der Verhältnismäßigkeit. Whistleblowing im transnationalen Recht, in: Calliess (Hrg.), Transnationalisierung des Rechts, Tübingen: Mohr-Siebeck 2014, S. 435-457; englische Übersetzung: Putting proportionality in proportion: Whistleblowing in Transnational Law, in: Blome u.a. (Hrg.), Contested Regime Collisions. Interdisciplinary Inquiries into Norm Fragmentation in World Society, Cambridge: Cambridge University Press 2016, S. 324-346, abrufbar in https://www.jura.uni-bremen.de/people/andreas-fischer-lescano/publications/.

Fischer-Lescano, Andreas/ Teubner, Gunther, Regime-Kollisionen. Zur Fragmentierung des globalen Rechts, Frankfurt am Main: Suhrkamp, 2006.

Froomkin, Michael, Wrong Turn in Cyberspace: Using ICANN to Route around the APA and the Constitution, 50 (1), Duke Law Journal, 2000, S. 21-96.

– HABERMAS@DISCOURSE.NET: Toward a Critical Theory of Cyberspace, 116 Harvard Law Review. 2002-2003, 749-873.

Geertz, Clifford, The Interpretation of Cultures. New York: Basic Books, 1973.

– Local Knowledge: Further Essays in Interpretative Anthropology. New York: Basic Books, 1983

Greenberg, Marc H., A Return to Lilliput: The LICRA v. Yahoo - Case and the Regulation of Online Content in the World Market, 18 Berkeley Technology Law Journal, 2003, 1191-1258.

Greve, Holger, Access-Blocking - Grenzen staatlicher Gefahrenabwehr im Internet. Band 30 von Beiträge zum Informationsrecht. Berlin: Duncker & Humblot, 2012.

Grimmelmann, James, Iowa Law Review, Vol. 93, No. 1, 2007, S. 7-23.

Helling, Daniel, Net Neutrality and Preserving Freedoms of the Internet, In: 6 Law and Society Journal at the University of California, Santa Barbara, 2006-2007, 51.

Hoffman-Riem, Wolfgang, Innovation und Recht – Recht und Innovation: Recht im Ensemble seiner Kontexte. Mohr Sibeck: Tübingen, 2016.

– Verhaltenssteuerung durch Algorithmen – Eine Herausforderung für das Recht, In: Archiv des oeffentlichen Rechts, Volume 142, Number 1, January 2017, Mohr Siebeck: Tübingen, 2017.

Hofmann, Jeanette, Wandel von Staatlichkeit in digitalen: Zwischen Hierarchie und Selbstregulierung, WZB discussion paper SP III 2007-107, 2007, Berlin: Wissenschaftzentrum Berlin für Sozialforschung, S. 33.

Jakobs, Kai, Einige Aspekte der Standardisierung in der Informationstechnik. Praxis der Informationsverarbeitung und Kommunikation, Volume 26, Issue 3, 2003, S. 133–139.

Just, Natascha, Telecommunications Policy, 2018, in: https://doi.org/10.1016/j.telpol.2018.02.006

Just, Natascha/ Latzer, Michel, Governance by Algorithms: Reality Construction by Algorithmic Selection on the Internet. Accepted manuscript forthcoming in Media, Culture & Society 2016, Abrufbar in: http://mediachange.ch/media/pdf/publications/Just_Latzer2016_Governance_by_Algorithms_Reality_Construction.pdf

Karavas, Vaios, The Force of Code: Law's Transformation under Information-Technological Conditions, 10 German L.J. 463 (2009).

Karavas, Vaios/ Teubner, Gunther, http://www.CompanyNameSucks.com: The Horizontal Effect of Fundamental Rights on Private Parties within Autonomous Internet Law, In: bepress Legal Series, Paper 23, 2003.

Katzenbach, Christian, Die Ordnung der Algorithmen - zur Automatisierung von Relevanz und Regulierunggesellschaftlicher Kommunikation, In: (Ed.) ; Kompetenzzentrum für Öffentliche IT (ÖFIT) (Ed.): (Un)berechenbar? Algorithmen und Automatisierung in Staat und Gesellschaft, 2018, S. 1-15 http://nbn-resolving.de/urn:nbn:de:0168-ssoar-57154-3.

Kelly, Alison, Yahoo! Inc. v. La Ligue Contre le Racisme et l' Antisemitisme, 15 DePaul Journal of Art, Technology & Intellectual Property Law, 2004, S. 257-264 .

Kettemann, Mathias C., Der EuGH, Google und das Vergessen: Was sagt das Urteil wirklich? https://irights.info/artikel/der-eugh-google-und-das-vergessen-was-sagt-das-urteil-wirklich/23027

Kohl, Karl-Heinz, Ethnologie die Wissenschaft vom kulturell Fremden: Eine Einführung, 2. Aufl., München: C.H. Beck, 2000.

Kohl, Uta, Jurisdiction and the Internet – Regulatory Competence of Online Activity, Cambridge: Cambridge University Press, 2007.

Kokott, Juliane, Die Staatsrechtslehre und die Veränderung ihres Gegenstandes: Konsequenzen von Europäisierung und Internationalisierung, in: 63 Tagung der VDStRL, Berlin: Walter de Gruyter, 2003, S. 7-40.

Kühnl, Christina, Persönlichkeitsschutz 2.0: Profilbildung und -Nutzung durch soziale Netzwerke am Beispiel von Facebook im Rechtsvergleich zwischen Deutschland und den USA, In: Schriften zum europäischen Urheber-, Immaterialgüter- und Informationsrecht, EurUR Band 12, Berlin: de Gruyter, 2016.

Ladeur, Karl-Heinz, Lernfähigkeit des Rechts und Lernfähigkeit durch Recht, Erwiderung auf J. Nocke, In: Axel Görlitz/ Rüdiger Voigt (Hrsg.), Postinterventionistisches Recht, Pfaffenweiler: Centaurus 1990 (Jahresschrift für Rechtspolitologie, Bd. 4), S. 141 ff.

Ladeur, Karl-Heinz, Postmoderne Rechtstheorie. Selbstreferenz – Selbstorganisation – Prozeduralisierung, Berlin: Duncker & Humblot, 1992.

– Negative Freiheitsrechte und gesellschaftliche Selbstorganisation: Zur Erzeugung von Socialkapital durch gesellschaftlich Institutionen, Tübingen: Mohr Siebeck, 2000.
– Ausschluss von Teilnehmern an Diskussionsforen im Internet Absicherung von Kommunikationsfreiheit durch „netzwerk gerechtes" Privatrecht, MMR, 2001, 787-792.
– „Offenheitspflege" im Internet – eine neue Funktion für die objektivrechtliche Dimension der „Medienfreiheit"?, In: Innovationsoffene Regulierung des Internet. Neues Recht für Kommunikationsnetzwerke, Baden-Baden: Nomos Verlagsgesellschaft, 2003, S. 101-130.
– Der Staat gegen die Gesellschaft. Zur Verteidigung der Rationalität der Privatrechtsgesellschaft, Mohr Siebeck Verlag: Tübingen, 2006.
– Die Textualität des Rechts: Zur poststrukturalistischen Kritik des Rechts, Weilerwist: Velbrück Wissenschaft, 2016.
– Recht – Wissen – Kultur, Schriften zur Rechtstheorie, Band 282. Berlin: Duncker & Humblot, 2016.
– Die institutionelle Dimension der Grundrechte – Das Beispiel der Meinungsfreiheit, Manuskript, 2017.
– Die Medienfreiheit im Netzwerk der Netzwerke. Neue Institutionen für neue Medien, In: *PhiN. Philologie im Netz: Beihefte*, Beiheft 12/2017, S. 4–25 (werden in loser Folge Sammelbände und Monographien im Internet unter den Adressen „http://web.fu-berlin.de/phin/bi.htm" und „http://www.phin.de/bi.htm" publiziert.

Lafrance, Adrienne, The Facebook Algorithm Is Watching You, 2017, abrufbar in https://www.theatlantic.com/technology/archive/2017/02/the-algorithm-is-watching-you/517440/?utm_source=atlfb.

Laketic, Jelena, Control de Internet: Las implicaciones políticas de las funciones de la IANA, In: Revista Chilena de Derecho y Tecnología Centro de Estudios en Derecho Informático, Universidad de Chile, vol. 5 núm. 2, 2016, S. 127-151.

Lange, Andreas, Die Gaming-Community als Pionier der digitalen Bewahrung, In: Was bleibt? Nachhaltigkeit der Kultur in der digitalen Welt, Paul Klimpel, Jürgen Keiper (Hrsg.), Berlin: iRigts.Media, 2013, S. 110-117.

Latzer, Michel/ Hollnbuchner, Katharina/ Just, Natascha/ Saurwein, Florian, The economics of algorithmic selection on the Internet. Working Paper – Media Change & Innovation Division. University of Zurich, Zurich, 2014, http://www.mediachange.ch/media/pdf/publications/economics_of_algorithmic_selection.pdf

Lee, Edward, Recognizing Rights in Real Time: The Role of Google in the EU Right to Be Forgotten, 49 University of California, Davis, Law Review, 1017, 2016.

Lemley, Mark A.; Lessig, Lawrence, The End of End-to-End: Preserving the Architecture of the Internet in the Broadband Era, 48 UCLA Law Review, 2000, S. 925 ff.

Lessig, Lawrence, Code and Other Laws of Cyberspace, New York: Basic Books, 1999.

– Code: Version 2.0, New York: Basic Books, 2006.

Levinson, Nanette S./ Marzouki, Meryem, International Organizations and Global Internet Governance: Interorganizational Architecture, In: The Turn to Infrastructure in Internet Governance, Francesca Musiani, Derrick L. Cogburn, Laura DeNardis, Nanette S. Levinson (Hrsg.), Palgrave Macmillan, 2016, S. 288 ff.

Liguori Filho, Carlos Augusto. O zap e a toga: Mapeamento do debate sobre bloqueio de aplicativos e criptografia no STF, In: https://www.jota.info/opiniao-e-analise/colunas/agenda-da-privacidade-e-da-protecao-de-dados/o-zap-e-a-toga-15062017

Luhmann, Niklas, Das Recht der Gesellschaft. Suhrkamp: Frankfurt am Main, 1993.

– Die Politik der Gesellschaft. Suhrkamp: Frankfurt am Main, 2000.

– Vertrauen: Ein Mechanismus der Reduktion sozialer Komplexität, 5. Auflage, Konstanz und München: UVK, 2014.

Lyons, Tessa, Hard Questions: How Is Facebook's Fact-Checking Program Working?, abrufbar in https://newsroom.fb.com/news/2018/06/hard-questions-fact-checking/.

MacKinnon, Rebecca / Hickok, Elonnai / Bar, Allon / Lim, Hae-in, Fostering Freedom Online: The Role of Internet Intermediaries. Unesco Publishing, Paris, 2014, http://unesdoc.unesco.org/images/0023/002311/231162e.pdf, 22.

Mathiason, John, Internet Governance: The New Frontier of Global Institutions,. New York: Routledge, 2009.

Mayer, Franz C., Der Wandel von Staatlichkeit im Prozess der Internationalisierung, 2005.

Mctaggart, Craig, A Layered Approach to Intemet Legal Analysis. 48 McGill Law Journal, 2003, S. 571-625.

Möllers, Christoph, Die Möglichkeit der Normen: Über eine Praxis jenseits von Moralität und Kausalität, Berlin: Suhrkamp, 2015.

Müller-Foel, Martina, Die Bedeutung technischer Normen für die Konkretisierung von Rechtscorschriften. C.F. Müllller Juristischer Verlag: Heidelberg, 1987.

Musiani, Francesca, Network architecture as internet governance. Internet Policy Review, 2013, 2(4).

– Alternative Technologies as Alternative Institutions: The Case of the Domain Name System. In: „The Turn to Infrastructure in Internet Governance". Francesca Musiani, Derrick L. Cogburn, Laura DeNardis, Nanette S. Levinson (dir.), Palgrave Macmillan, 2016, S. 288 ff.

Neves, Marcelo, Transconstitucionalismo. WMF Martins Fontes: São Paulo, 2009.

O'Neal, Cathy, Weapons of Math Destruction: How Big Data Increases Inequality and Threatens Democracy. New York, NY: Crown, 2016,

Okoniewski, Elissa A., Yahoo, Inc. v. LICRA: The French Challenge to Free Expression on the Internet, 18 American University Law Review, 2002, S. 295-340.

Owen, Gareth/ Savage, Nick, The Tor Dark Net, Global Commission on Internet Governance, Paper Series: n. 20, 2015.

PEN American Center. 12 November 2013. Chilling Effects: NSA Surveillance Drives U.S. Writers to Self-Censor. PEN American Center. www.pen.org/sites/default/files/Chilling%20Effects_PEN%20American.pdf.

Perritt Jr., Henry H., Towards a Hybrid Regulatory Scheme for the Internet, In: University of Chicago Legal Forum, Volume 2001, Issue 1 Article 8, 216.

Perset, Karine/OECD. March 2010. The Economic and Social Role of Internet Intermediaries. Paris, Organisation for Economic and Co-operation and Development, (DSTI/ICCP(2009)9/FINAL.) www.oecd.org/internet/ieconomy/44949023.pdf

Pickett, Andrew M., Much Yahoo about Nothing: The Ninth Circuit, Jurisprudential Schizophrenia, and the Road Not Taken in Yahoo v. La Ligue Contre le Racisme et l'Antisemitisme, 8 Tulane Journal of Technology and Intellectual Property, 2006, S. 231-246.

Reindenberg, Joel R., Les defs a'la creation normative internationale/ Challenges to International Law Making International Law FORUM du droit international, Volume 6, Issue 1, 2004, S. 5 – 8.

Reuter, Markus, „Asylanten raus" ist erlaubt, „Muslime raus" ist verboten, 2016, abrufbar in https://netzpolitik.org/2016/facebooks-loeschregeln-asylanten-raus-ist-erlaubt-christen-raus-ist-verboten/.

– Facebooks intransparente Löschregeln auf einen Blick, 2017, abrufbar in https://netzpolitik.org/2017/facebooks-intransparente-loeschregeln-auf-einen-blick/

Richter, Alexander/ Koch, Michael, Funktionen von Social-Networking-Diensten, 2008 s. 1240, abrufbar unter: http://www.kooperationssysteme.de/docs/pubs/RichterKoch2008-mkwi-sns.pdf

Roßnagel, Alexander, Modernisierung des Datenschutzrechts für eine Welt allgegenwärtiger Datenverarbeitung. In: Multimedia und Recht. München : Beck. Jg.8, H. 2, 2005, S. 71-75.

Rosen, Lawrence, Law as Culture: An Invitation. New Jersey: Princeton University Press, 2006.

Ruotolo, Gianpaolo Maria, Fragments of fragments. The domain name system regulation: global law or informalization of the international legal order?, In: Computer Law & Security Review, Volume 33, Issue 2, 2017, S. 159-170.

Saurwein, Florian/ Just, Nastascha / Latzer, Michel, Governance of Algorithms: Options and Limitations, info, Vol. 17, n. 6, 2015, S. 35-49.

Saurwein, Florian/ Just, Natascha/ Latzer, Michael, Algorithmische Selektion im Internet: Risiken und Governance automatisierter Auswahlprozesse. Kommunikation@gesellschaft, 18:online, 2017.

Schaar, Peter. „Brauchen wir regulatorische Leitplanken der Digitalisierung?", in: Digitalisierung und Recht Tagung des eingetragenen Vereins Junge Wissenschaft im Öffentlichen Recht an der Bucerius Law School am 26. November 2016, S. 29-36.

Schulz, Wolfgang/ Dankert, Kevin, Die Macht der Informationsintermediäre – Erscheinungsformen, Strukturen, Regulierungsoptionen, Bonn: Friedrich-Ebert-Stiftung, 2016.

Sicker, Douglas C. / Blumensaadt, Lisa, Misunderstanding the layered Model(S). 4 Journal on Telecommunications and High Technology Law. 299 2005-2006.

Simanowski, Roberto, Facebook-Gesellschaft. Berlin: Matthes & Seitz Berlin, 2016.

Soghoian, Christopher, The Problem of Anonymous Vanity Searches, 3 I/S: A Journal of Law and Policy for the Information Society, 2007-2008, 299-318.

Stalder, Felix, Kultur der Digitalität. Berlin: Suhrkamp, 2016.

Teubner, Gunther, Hybrid Laws: Constitutionalizing Private Governance Networks (in: Robert Kagan and Kenneth Winston (eds.) Legality and Community. Berkeley Public Policy Press, Berkeley 2002, 311-331.

– „So ich aber die Teufel durch Beelzebub austreibe, ...": Zur Diabolik des Netzwerkversagens.*. (In: Ingo Augsberg (Hrsg.) Ungewißheit als Chance. Perspektiven eines produktiven. Umgangs mit Unsicherheit im Rechtssystem. Mohr Siebeck, Tübingen 2009 (Abrufbar in https://www.jura.uni-frankfurt.de/42829141/BeelzebubDTJan09VERS.pdf).

– Verfassungsfragmente, Berlin: Suhrkamp, 2012.

Thiel, Thorsten, Anonymität und Demokratie, FORSCHUNGSJOURNAL SOZIALE BEWEGUNGEN 30. Jg. 2, 2017, S. 152-161.

Vesting, Thomas, Subjektive Freiheitsrechte als Elemente von Selbstorganisations- und Selbstregulierungsprozessen in der liberalen Gesellschaft. Dargestelt am Beispiel der Bedeutung der Intellectual Property Rights in der neuen Netzwerkökonomie. In: Regulierte Selbstregulierung als Steuerungskonzept des Gewährleistungsstaates: Ergebnisse des Symposiums aus Anlaß des 60. Geburtstages von Wolfgang Hoffmann-Riem. Berlin: Duncker und Humblot, 2001.

– Das Internet und die Notwendigkeit der Transformativ des Datenschutz, in: „Innovationsoffene Regulierung des Internet. Neues Recht für Kommunikationsnetzwerke", Baden-Baden: Nomos Verlagsgesellschaft, 2003, S. 155-190.

– Die Staatsrechtslehre und die Veränderung ihres Gegenstandes: Konsequenzen von Europäisierung und Internationalisierung, in: 63 Tagung der VDStRL, Berlin: Walter de Gruyter, 2003, S. 41-100.

– 'The Autonomy of Law and the Formation of Network Standards', in: German Law Journal, Vol. 05 No. 06, 2004, S. 639-668.

– Constitutionalism or Legal Theory: Comments on Gunther Teubner, in „Transnational Governance and Constitutionalism Christian Joerges, Inger-Johanne Sand and Gunther Teubner (Hrsg.) Oxford and Portland Oregon: Hart Publishing, 2004, S. 29-40.

– „Nachbarschaft: Grundrechte und Grundrechtstheorie in der Kultur der Netzwerke". In: Grundrechte als Phänomene kollektiver Ordnung: Zur Wiedergewinnung des Gesellschaftlichen in der Grundrechtstheorie und Grundrechtsdogmatik. T. Vesting, S. Korioth und I. Augsberg (Hrsg.). Tübingen: Mohr Siebeck, 2014.

– Die Medien des Rechts: Computernetzwerke. Weilerswist: Velbrück Wissenschaft, 2015.

– Rechtstheorie: Ein Studienbuch. München: C.H. Beck, 2015.

– Staatstheorie. München: C.H.Beck, 2018.

Viellechner, Lars, Transnationalisierung des Rechts. Weilerwist: Velbrück Wissenschaft, 2013.

Vissmann, Cornelia, Das Wissen des Staates. In: dies, Das Recht und seine Mittel, Ausgewählte Schriften, Frankfurt am Main 2014, S. 185-195.

Werbach, Kevin, A Layered Model for Internet Policy Journal on Telecommunications and High-Tech Law, Vol. 1, No. 37, 2002, p. 58.

White, Harrison C., Identity and Control: How Social Formations Emerge. 2nd Ed.. New Jersey: Princeton University Press, 2008,

Whitt, Richard S., A Horizontal Leap Forward: Formulating a New Communications Public Policy Framework Based on the Network Layers Model. 56 Fed. Comm. L.J. 587 2003-2004, p. 601

Wischmeyer, Thomas, Regulierung intelligenter Systeme. In: Archiv des öffentlichen Rechts 143, 2018, S. 1–66.

World Summit on the Information Society, Tunis Agenda for the Information Society, WSIS-05/TUNIS/DOC/6(Rev. 1)-E.

Wrenin, Greg, Yahoo v. LICRA, 24 Communication Law and Policy 5, 7 (2006).

Wu, Tim, Network Neutrality, Broadband Discrimination. *Journal of Telecommunications and High Technology Law, Vol. 2, 2003, S. 141ff..*

– When the code isn't law, Virginia Law Review, 89 (4), 2003, 671-751.

– Impérios da Comunicação: do telefone à internet, da AT&T ao Google. Rio de Janeiro: Zahar, 2012.

Yoo, Christopher S., Protocol Layering and Internet Policy. 161 University of Pennsylvania Law Review. 1707 2012-2013.

Ziebarth, Lennart. Die Netzneutralität des Grundgesetzes. Baden-Baden: Nomos, 2016.

Zumbansen, Peer. Die engen Wände der Internetwelt - Autonomie und Kontrolle jenseits staatlicher Steuerung und gesellschaftlicher Eigenorganisation, in Karl-Heinz Ladeur/ Wolfgang Hoffmann-Riem (Hrsg.), Innovationsoffene Regulierung des Internet, Nomos: Baden-Baden 2003.

Zweig, Katharina A./ Krafft, Oliver Deussen Tobias D., Algorithmen und Meinungsbildung: Eine grundlegende Einführung, In: 40 Informatik-Spektrum, 2017, 318-326.

Entscheidungen

Mandado de Segurança nº 2271462-77.2015.8.26.0000 – abrufbar unter http://s.conj ur.com.br/dl/tj-sp-suspende-bloqueio-whatsapp.pdf.

Tribunal de Grande Instance de Paris Ordonnance, de référé 22 Mais et 20 novembre 2000, UEJF et Licra c/ Yahoo! Inc. (abrufbar unter http://lthoumyre.chez.co m/txt/jurisfr/cti/tgiparis20001120.htm).

United States Court of Appeals FOR THE DISTRICT OF COLUMBIA CIRCUIT Argued December 4, 2015 Decided June 14, 2016 No. 15-1063 United States Telecom Association, Et Al., Petitioners V. Federal Communications Commission And United States Of America, Respondents Independent Telephone & Telecommunications Alliance, Et Al., Intervenors.

Yahoo Inc. v. La Ligue Contre le Racisme et l'Antisémitisme, 379 F.3d 1120 (9th Cir. 2004) (abrufbar unter https://openjurist.org/379/f3d/1120/yahoo-inc-v-la-lig ue-contre-le-racisme-et-lantisemitisme).

Yahoo Inc. v. La Ligue Contre le Racisme et l'Antisémitisme, 433 F3d 1199 (9th Cir. 2006) (abrufbar unter https://openjurist.org/433/f3d/1199/yahoo-inc-v-la-lig ue-contre-le-racisme-et-lantisemitisme).

Yahoo!, Inc. v. La Ligue Contre Le Racisme, 169 F. Supp. 2d 1181 (N.D. Cal. 2001) (abrufbar unter https://law.justia.com/cases/federal/district-courts/FSupp2/169/1 181/2423974/).

Webseiten

http://europa.eu/rapid/press-release_IP-17-1784_de.htm

http://netmundial.org/principles

http://piaui.homolog.inf.br/poder-perpetuo-em-questao/

https://de-de.facebook.com/about/privacy/update

https://de-de.facebook.com/communitystandards/integrity_authenticity/false_news/

https://de-de.facebook.com/help/1561485474074139

https://de-de.facebook.com/legal/terms

https://netzpolitik.org/2018/facebook-nutzt-anpassung-an-datenschutzgrundverordnung-um-gesichtserkennung-auch-in-europa-zu-starten/

https://netzpolitik.org/2018/wie-facebook-betroffene-ueber-den-datenfluss-an-cambridge-analytica-informiert/

https://newsroom.fb.com/news/2017/06/hard-questions-hate-speech/

https://newsroom.fb.com/news/2018/04/restricting-data-access/

https://pt-br.facebook.com/business/products/ads/ad-targeting.

https://pt-br.facebook.com/policy.php

https://pt-br.facebook.com/terms/provisions/german/index.php

https://supreme.justia.com/cases/federal/us/411/223/

https://transparency.facebook.com/community-standards-enforcement.

https://transparency.facebook.com/community-standards-enforcement#hate-speech

https://transparency.facebook.com/content-restrictions

https://www.blog.google/topics/ai/ai-principles/

https://www.facebook.com/communitystandards/

https://www.facebook.com/FacebookPolitik/videos/1678766945510685/

https://www.facebook.com/FacebookPolitik/videos/1678766945510685/

https://www.facebook.com/policies/cookies/

https://www.facebook.com/principles.php

https://www.google.com/search/howsearchworks/mission/open-web/

https://www.google.com/webmasters/tools/legal-removal-request?complaint_type=rtbf

https://www.legifrance.gouv.fr/eli/loi/2016/10/7/ECFI1524250L/jo

https://www.reuters.com/article/us-google-litigation/french-court-refers-right-to-be-forgotten-dispute-to-top-eu-court-idUSKBN1A41AS

https://www.theguardian.com/technology/2001/jan/04/internetnews.media

https://www.theguardian.com/technology/2016/feb/11/google-extend-right-to-be-forgotten-googlecom https://www.theguardian.com/technology/2017/jul/20/ecj-ruling-google-right-to-be-forgotten-beyond-eu-france-data-removed;

https://www.torproject.org/about/overview.html.en

https://www.torproject.org/about/sponsors.html.en.

FSC
www.fsc.org
MIX
Papier | Fördert gute Waldnutzung
FSC® C083411

Kolibri 360 GmbH
Ferdinand-Jühlke-Straße 7
99095 Erfurt, Deutschland
produktsicherheit@kolibri360.de